Langenscheidt
Verbtabellen

Deutsch als Fremdsprache

Verbformen nachschlagen und trainieren

Von Sarah Fleer

Langenscheidt

München · Wien

Impressum

Herausgegeben von der Langenscheidt-Redaktion
Layout: Ute Weber
Umschlaggestaltung: KW43 BRANDDESIGN

Laden Sie sich auf **www.langenscheidt.de/verbtabellen** mit dem **Code vd994** kostenlos Ihren Konjugationstrainer herunter.

Systemvoraussetzungen:
Software: Windows 8.1 / 8 / 7 / Vista. Hardware: Pentium PC 1 GHz • 512 MB Arbeitsspeicher • 1,5 GB freier Festplattenspeicher • WSVGA-Grafikkarte (1024 x 600 Bildpunkte bei 96 DPI) • Soundkarte • Kopfhörer/Lautsprecher • Mikrofon (empfohlen).

www.langenscheidt.de

© 2015 Langenscheidt GmbH & Co. KG, München
Satz: kaltner verlagsmedien GmbH, Bobingen
Druck und Bindung: Druckerei C. H. Beck, Nördlingen

ISBN 978-3-468-34115-1

15012

Benutzerhinweise

Mit den besonders übersichtlichen und benutzerfreundlichen Langenscheidt Verbtabellen Deutsch bekommen Sie einen guten Überblick über die wichtigsten Verben, ihre Grammatik und die unterschiedlichen Konjugationsmuster. Mit dem Konjugationstrainer zum Downloaden (Zugangscode im Impressum auf S. 2) können Sie die Verbformen in den verschiedenen Zeiten und Modi trainieren und so in Ihrem Langzeitgedächtnis verankern.

Konjugationstrainer

Der Konjugationstrainer bietet Ihnen vielfältige Übungsmöglichkeiten, damit Sie sich die Konjugationen der wichtigsten deutschen Verben noch besser und schneller einprägen können. Bei sechs verschiedenen Trainingsarten ist für jeden etwas dabei: Sie können die Verbformen entspannt beim Superlearning verinnerlichen, Multiple-Choice-Aufgaben lösen oder sich vom Konjugationstrainer abfragen lassen. Ihr persönlicher Tutor wertet Ihre Erfolge aus und stellt Ihnen ein optimales Programm zusammen. Sie können das Ganze auch spielerisch angehen und die Verbformen mithilfe eines Kreuzworträtsels einüben. Und sollten Sie die Zeit nutzen wollen, die Sie im Zug oder Wartezimmer verbringen, drucken Sie sich einfach Ihre eigenen Karten mit Konjugationen aus.

Konjugationstabellen im Buch

Im Buch werden Ihnen auf 70 Doppelseiten die wichtigsten deutschen

Verben und ihre Konjugationsmuster vorgestellt. Auf der linken Seite finden Sie das jeweilige Verb in allen relevanten Zeiten und Modi. ① Hier wird die jeweilige Konjugationsgruppe angezeigt. ② Über die Konjugationsnummer werden Verben (auch diejenigen im Anhang) einem speziellen Konjugationsmuster zugeordnet. ③ Gelegentlich finden Sie hier eine Kurzbeschreibung der wichtigsten Merkmale eines Verbs. ④ Auf den Musterkonjugationsseiten (z. B. zum Passiv) sind die typischen Formen bzw. Endungen in Schwarz fett hervorgehoben. Ausnahmen werden auf den später folgenden Seiten blau hervorgehoben. Abweichende Schreibweisen werden durch fett gesetzte blaue Buchstaben betont. ⑤ Die Personalpronomen werden durchgängig aufgeführt, um die einzelnen Personen besser zuordnen zu können.

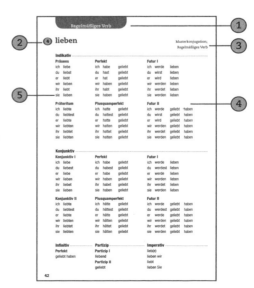

Infoseiten

Auf der rechten Seite finden Sie
zusätzliche Informationen wie Anwendungsbeispiele ⑥ und feste Redewendungen ⑦, alternativ manchmal
auch Sprichwörter oder Witze. In der
Rubrik Ähnliche bzw. Andere Verben
⑧ sind Synonyme und/oder Ableitungen bzw. Antonyme aufgeführt.
Unter Gebrauch ⑨ finden Sie Hinweise, wie das Verb verwendet wird.
Alternativ weisen wir Sie in der Rubrik
Aufgepasst! auf Besonderheiten und
Stolpersteine hin. Gelegentlich finden
Sie die Rubrik Tipps & Tricks ⑩, die
auf Verben mit dem gleichen Konjugationsmuster oder praktische Hilfestel-
lungen verweist.

Tipps & Tricks

Damit Ihnen der Einstieg in die verschiedenen Konjugationsmuster der
deutschen Verben leichterfällt, verraten
wir Ihnen vorab in einem Extra-Teil ein
paar Tipps & Tricks zum Konjugationstraining.

Grammatik rund ums Verb

In der Grammatik rund ums Verb werden in Kurzfassung alle relevanten
Grammatikthemen behandelt, die Sie
beherrschen sollten, um die deutschen
Verben richtig verwenden und konjugieren zu können.

Symbole

Folgende Symbole werden Ihnen in der
Grammatik rund ums Verb begegnen:
Unter ❶ erhalten Sie Informationen zu
den speziellen Spracheigenheiten des
Deutschen sowie zum landestypischen
Sprachgebrauch.
Unter ☼ finden Sie einen Merksatz,
den Sie sich gut einprägen sollten.
➡ Hier wird der Sprachgebrauch im
gesprochenen dem geschriebenen
Deutsch gegenübergestellt.
⚡ weist Sie auf Stolpersteine hin, damit
Sie diese möglichen Fehlerquellen ver-
meiden können.
◗ signalisiert Ihnen, dass es sich hier
um eine Ausnahme oder Sonderform
handelt, die Sie sich besonders gut
merken sollten.
Das Symbol ▷ verweist auf andere
Stellen im Buch, die Sie sich bei dieser
Gelegenheit ansehen sollten.

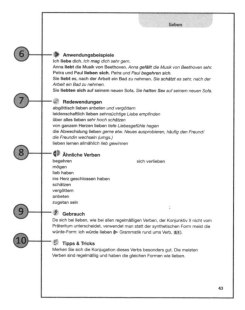

Niveaustufenangaben gemäß dem Europäischen Referenzrahmen

In der Grammatik rund ums Verb treffen Sie mitunter auch auf folgende Niveaustufenangaben: A1 , A2 , B1 , B2 . Diese verraten Ihnen, welche Grammatikthemen und welche Regeln für Ihr Lernniveau relevant sind. Die Niveaustufen beziehen sich nicht nur auf das jeweilige Grammatikkapitel, sondern auch auf das in den Beispielsätzen verwendete Vokabular. So wissen Sie auch genau, dass Ihnen dieser Wortschatz bekannt sein sollte.

In der Praxis heißt das: Ist ein Grammatikkapitel beispielsweise der Niveaustufe A1 zugeordnet, so sind alle verwendeten Vokabeln A1, es sei denn, sie sind mit einer anderen Niveaustufe, z. B. A2 (direkt vor dem jeweiligen Wort oder Satz), versehen. Alle in diesem Kapitel enthaltenen Grammatikregeln sollten Sie dann beherrschen, es sei denn, eine Niveaustufenangabe am Rand weist Sie darauf hin, dass diese Regel für ein höheres Niveau, z. B. B1 , bestimmt ist.

Hier eine kurze Erläuterung, welche Kenntnisse auf die einzelnen Niveaustufen des Europäischen Referenzrahmens zutreffen:

A1/A2: *Elementare Sprachverwendung,* d. h.

A1 : Sie können einzelne Wörter und ganz einfache Sätze verstehen und formulieren.

A2 : Sie können die Gesprächssituationen des Alltags bewältigen und kurze Texte verstehen oder selbst verfassen.

B1/B2: *Selbstständige Sprachverwendung,* d. h.

B1 : Sie können sich in den Bereichen Alltag, Reise und Beruf schriftlich und mündlich gut verständigen.

B2 : Sie verfügen aktiv über ein großes Repertoire an grammatikalischen Strukturen und Redewendungen und können im Gespräch mit Muttersprachlern bereits stilistische Nuancen erfassen.

C1/C2: *Kompetente Sprachverwendung,* d. h.

C1 : Sie können sich spontan und fließend zu verschiedenen, auch komplexen oder fachspezifischen Sachverhalten äußern und sich schriftlich wie mündlich an die stilistischen Erfordernisse anpassen.

C2 : Sie können mühelos jeder Kommunikationsform in der Fremdsprache folgen und sich daran beteiligen. Dabei verfügen Sie über ein umfassendes Repertoire an Grammatik und Wortschatz und beherrschen die verschiedenen Stilebenen von formell bis informell.

Verben mit Präposition und Alphabetische Verblisten

Am Ende des Buches finden Sie eine Auflistung einiger deutscher Verben, die mit verschiedenen Präpositionen verwendet werden können. Die Alphabetischen Verblisten ermöglichen Ihnen ein schnelles Nachschlagen der Verben sowie eine leichte Zuordnung von über 1500 Verben zu den verschiedenen Konjugationsmustern.

Inhaltsverzeichnis

Grammatik rund ums Verb

Konjugationstabellen und Infoseiten

Abkürzungen

d. h.	das heißt	*Pers.*	Person
etc.	et cetera	*Pl.*	Plural
etw.	etwas	*Sing.*	Singular
jmd.	jemand	*umgs.*	umgangssprachlich
jmdm.	jemandem	*usw.*	und so weiter
jmdn.	jemanden	*z. B.*	zum Beispiel
jmds.	jemandes		

Tipps & Tricks zum Konjugationstraining

Um Verben richtig konjugieren zu können, muss man nicht zwingend stoisch ganze Verbkonjugationen, Zeitformen und Endungen auswendig lernen oder gar hundertmal das gleiche Konjugationsschema abschreiben. Nein, Verben konjugieren kann Spaß machen und auf unterhaltsame Weise erlernt werden. Um Ihnen den Umgang mit deutschen Verben leicht zu machen, verraten wir Ihnen hier einige praktische Tipps & Tricks zum Konjugationstraining.

L! Pioniergeist ist gefragt

Versuchen Sie, die Andersartigkeit der Fremdsprache und ihrer Konjugationsmuster nachzuvollziehen. Sehen Sie das Erlernen der verschiedenen Zeiten, Formen und Verben einer Fremdsprache als Chance, Ihren eigenen Erfahrungsschatz zu erweitern, als Einblick in Denkweisen, die Ihnen nicht vertraut sind, die für andere Menschen, die diese Sprache täglich sprechen, aber ganz selbstverständlich sind. Zeigen Sie Pioniergeist! Lassen Sie Ihrer Freude am sprachlich Neuen, Fremden und Andersartigen freien Lauf!

L! Das Gesetz der Regelmäßigkeit

Konjugationstraining ist wie Krafttraining fürs Gehirn. Wer nur einmal alle Jubeljahre trainiert, wird wohl kein Fitnessgenie. Es ist sinnvoller, regelmäßig ein wenig als unregelmäßig viel zu lernen. Setzen Sie einen bestimmten Zeitpunkt fest, zu dem Sie sich ungestört dem Konjugationstraining widmen können, z. B. täglich eine Viertelstunde vor dem Einschlafen oder drei Mal wöchentlich in der Mittagspause. Wie immer Sie sich entscheiden: Lernen Sie kontinuierlich, denn nur so trainieren Sie auch Ihr Langzeitgedächtnis.

L! Aufwärmen lohnt sich

Gelernten Stoff zu wiederholen, ist wie leichtes Joggen: Laufen Sie sich warm mit Altbekanntem, bevor Sie sich an Neues wagen. Auch wenn Sie noch nicht alle Konjugationsmuster einer Sprache kennen und noch viel Neues vor sich haben, darf das bereits Erlernte nicht vernachlässigt werden. Wiederholen Sie auch Konjugationen, die Sie schon gut können, das macht Spaß und hält fit.

L! Das Salz in der Suppe

Versuchen Sie niemals, sich zu viele Konjugationsmuster auf einmal einzuprägen. Sie verlieren sonst schnell den Überblick und laufen Gefahr, sich etwas Falsches zu merken oder gar die verschiedenen Konjugationen durcheinanderzuwerfen. Verbkonjugationen sind wie das Salz in der „Fremdsprachen-Suppe". Ebenso, wie man eine Suppe versalzen kann, kann man sich das Erlernen einer Fremdsprache erschweren, wenn man versucht, sich zu viel gleichzeitig zu merken. Lernen Sie langsam, stetig und zielorientiert und verdauen Sie in kleinen Häppchen. Nur Geduld!

L! Eigenlob stinkt nicht immer

Schauen Sie auf das, was Sie bereits erreicht haben. Loben Sie sich für Ihre Fortschritte oder belohnen Sie sich für gute Leistungen. Lob motiviert und Motivation ist eine grundlegende Voraussetzung fürs Lernen.

L! Schluss mit dem Fachchinesisch

Wenn Sie etwas Neues lernen, kommen immer auch neue Fachbegriffe auf Sie zu, die Sie kennen sollten. Wählen Sie gezielt nach und nach einzelne Grammatikbegriffe aus (▷ Terminologie) und machen Sie sich mit ihrer Bedeutung vertraut. Sie werden sehen, dass es Ihnen im Laufe der Zeit leichterfallen wird, die unterschiedlichen Konjugationsmuster und Zeitformen einer Fremdsprache nachzuvollziehen, wenn für Sie die Fachterminologie nicht mehr Fachchinesisch ist.

L! Hemmungslos werden

Auch wenn die Beschäftigung mit Verbkonjugationen nicht zu Ihren bevorzugten Freizeitaktivitäten gehört, sollten Sie, um Abneigungen, Hemmungen oder Widerwillen abzubauen, die Konjugationsmuster mit anderen, alltäglichen Regeln vergleichen. Straßenverkehrsregeln, mathematische Grundregeln, Regeln von Sportarten etc. sind Ihnen heute völlig vertraut, doch auch diese haben Sie irgendwann gelernt. Auch die Regeln, die den Verbkonjugationen zugrunde liegen, werden Sie eines Tages verinnerlicht haben, und ohne darüber nachdenken zu müssen, intuitiv anwenden können.

L! Fehleranalyse gegen Fettnäpfchen

Haben Sie keine Angst vor Fehlern! Es ist nicht das Ziel des Lernens, keine Fehler zu machen, sondern gemachte Fehler zu bemerken. Nur wer einen Fehler im Nachhinein erkennt, kann ihn beim nächsten Mal vermeiden. Das Beherrschen der unterschiedlichen Konjugationsmuster einer Fremdsprache und das Verinnerlichen von Musterkonjugationen ist dabei durchaus hilfreich: zum einen, um einen Fehler nachvollziehen zu können, und zum anderen, um nicht ein zweites Mal in dasselbe Fettnäpfchen zu tappen.

L! Haben Sie einen Typ?

Finden Sie heraus, welcher Lerntyp Sie sind. Behalten Sie eine Verbform schon im Gedächtnis, wenn Sie sie gehört haben *(Hörtyp)* oder müssen Sie sie gleichzeitig sehen *(Seh-/Lesetyp)* und dann aufschreiben *(Schreibtyp)*? Macht es Ihnen Spaß, verschiedene Konjugationen und Zeitformen in kleinen Rollenspielen auszuprobieren *(Handlungstyp)*? Die meisten Menschen tendieren zum einen oder anderen Lerntyp. Reine Typen kommen nur sehr selten vor. Sie sollten daher sowohl Ihren Typ ermitteln als auch Ihre Lerngewohnheiten Ihren Vorlieben anpassen. Halten Sie also Augen und Ohren offen und lernen Sie ruhig mit Händen und Füßen, wenn Sie der Typ dafür sind.

L! Sag's mit einem Post-it

Auf Post-its wurden schon Heiratsanträge gemacht oder Beziehungen beendet. Also ist es kein Wunder, dass man damit auch Konjugieren lernen kann. Schreiben Sie sich einzelne Verbfomen (idealerweise mit Beispielen, s. u.) separat auf Blätter oder Post-its und hängen Sie sie dorthin, wo Sie sie täglich sehen können, z. B. ins Bad über den Spiegel, an den Computer, den Kühlschrank oder neben die Kaffeemaschine. So verinnerlichen Sie schwierige Verbformen ganz nebenbei. Denn das Auge lernt mit.

Beispielsätze gegen Trockenfutter

Trockenfutter ist schwer verdaulich. Die verschiedenen Konjugationsmuster trocken aufzunehmen ebenso. Überlegen Sie sich zu jedem Verb einen Beispielsatz und konjugieren Sie diesen durch die verschiedenen Zeiten und Modi. Fortgeschrittene können in Originaltexten (Zeitungen, Büchern, Filmen, Songtexten) nach konkreten Anwendungsbeispielen suchen. So werden die Konjugationen leicht bekömmlich.

Führen Sie Selbstgespräche

Wählen Sie besonders schwierige Verbformen aus, schreiben Sie dazu einzelne Beispielsätze auf und sprechen Sie diese laut vor sich hin, z. B. unter der Dusche, beim Spazierengehen oder während langer Autofahrten. Reden Sie mit sich selbst in der Fremdsprache, so prägen Sie sich auch komplizierte Verbformen problemlos ein.

Grammatik à la Karte

Wie beim Vokabellernen im Allgemeinen lässt sich auch für Verben im Besonderen eine Art Karteikasten mit einzelnen Karten anlegen. Schreiben Sie die Verben – auch in konjugierter Form oder mit Beispielsätzen – auf die eine Seite und die Übersetzungen dazu auf die andere. Schauen Sie sich die Karten regelmäßig an und sortieren Sie die, die Ihnen vertraut sind, allmählich aus.

Gegensätze ziehen sich an

Merken Sie sich Verben paarweise, indem Sie sich immer auch ein Verb, das das Gegenteil bedeutet (Antonym), einprägen oder ein weiteres Verb mit der gleichen Bedeutung (Synonym). Das hilft Ihnen, nicht „sprachlos" zu sein, wenn Ihnen ein Verb mal nicht gleich einfällt oder Sie sich nicht sicher sind, wie es konjugiert wird. Indem Sie Antonyme und Synonyme mit dazulernen, bauen Sie sich einen breit gefächerten Wortschatz auf und können aus dem Vollen schöpfen.

Vor-/nach-/raus-/rein-/runter-/rüber- …gehen

Manche Verben können durch eine Vorsilbe eine andere Bedeutung annehmen. In der Regel verändert sich dabei jedoch nicht das Konjugationsmuster. Das ist sehr praktisch, denn auf diese Weise müssen Sie nur das Konjugationsmuster eines Verbs lernen und beherrschen gleich automatisch die Konjugation zahlreicher Ableitungen des Verbs.

Haben Sie einen Plan?

Schreiben Sie Verben, die das gleiche Konjugationsmuster haben, auf einen großen Bogen Papier, eventuell mit Zeichnungen, Verweisen oder kurzen Beispielen, überschaubar zusammen und erstellen Sie Ihren persönlichen Lageplan. Mithilfe sogenannter *mind maps* können Sie sich schon durch das bloße Erstellen des Plans rasch einen Gesamtüberblick über die verschiedenen Konjugationsmuster verschaffen. Ob Sie dieses Papier dann auch irgendwo hinhängen oder nicht, ist nicht ausschlaggebend, denn Sie haben den Plan ja schon im Kopf.

L! Denken Sie in Schubladen

Was im wahren Leben nicht unbedingt sinnvoll ist, kann beim Konjugationstraining hilfreich sein. Machen Sie sich gedankliche Schubladen, in die Sie die gelernten Verben einsortieren, und versehen Sie diese mit Etiketten: regelmäßige Verben, unregelmäßige Verben, Hilfsverben etc.

L! Bleiben Sie in Bewegung

Sie müssen beim Lernen nicht unbedingt am Schreibtisch sitzen. Stehen Sie auf, gehen Sie im Zimmer auf und ab oder wiederholen Sie beim Spazierengehen, beim Joggen, beim Schwimmen in Gedanken die neu gelernten Konjugationen. Ihr Gehirn funktioniert nachweislich besser, wenn Ihr Körper in Bewegung ist. Und Ihr Kreislauf dankt es Ihnen auch.

L! Beweisen Sie Taktgefühl

Klopfen Sie im Takt dazu (z. B. auf die Tischplatte), wenn Sie sich eine Konjugation einprägen wollen. Takt und Rhythmus fördern Ihr Erinnerungsvermögen. Eventuell hilft auch musikalische Unterstützung in Form von Hintergrundmusik. Und beim Wiederholen der Verbformen können Sie Ihr Taktgefühl und Ihr Gedächtnis zugleich unter Beweis stellen.

L! Grammatik aus dem Ei

Behelfen Sie sich beim Lernen von Konjugationsmustern oder Verbformen, die eine Ausnahme darstellen, mit Eselsbrücken, Reimen, Merkhilfen und Lernsprüchen. Erinnern Sie sich an „7-5-3 – Rom schlüpft aus dem Ei"? Was bei historischen Jahreszahlen funktioniert, klappt auch beim Sprachenlernen.

L! Machen Sie Witze?

Merken Sie sich Witze, in denen ein bestimmtes Verb, das Sie lernen wollen, vorkommt. Indem Sie sich den Witz in der Fremdsprache einprägen und sich an ihn erinnern, prägen Sie sich auch die Verbform und ihre Bedeutung mit ein. Das funktioniert gleichermaßen mit Sprichwörtern und Redewendungen. Aber denken Sie daran, dass sich feste Wendungen nicht immer wörtlich von einer Sprache in die andere übertragen lassen!

L! Setzen Sie Ihrer Fantasie keine Grenzen

Machen Sie sich im wahrsten Sinne ein Bild von der Situation, denn auch Bilder, die Sie im Kopf haben, dienen als Gedächtnisstützen. Versuchen Sie also, ein neu gelerntes Verb gedanklich mit einem einfachen Bild zu verknüpfen. Was sagt das Verb aus? Vor allem das Erlernen der Zeiten funktioniert besser, wenn Sie sich das, was die jeweilige Zeitform ausdrückt, visuell vorstellen.

L! Gretchenfrage: Und wie steht's mit der Muttersprache?

Denken Sie über Ihre eigenen Sprechgewohnheiten nach und schauen Sie sich die Regeln Ihrer Muttersprache an. Die Gesetze der Fremdsprache sind viel einfacher nachvollziehbar, wenn man die Unterschiede zur eigenen Muttersprache kennt. Welche Zeitformen verwenden Sie wann, wie werden sie gebildet etc.? Indem Sie die Fremdsprache mit Ihrer Muttersprache vergleichen, machen Sie sich Parallelen und Unterschiede bewusster und prägen sich diese gleich viel besser ein.

L! Lieber hin und weg als auf und davon

Lernen Sie die Verben in Verbindung mit verschiedenen Präpositionen. Sie werden zum einen merken, dass Sie damit Ihren Wortschatz wie nebenbei erweitern können, da die Verben je nach Präposition zumeist auch unterschiedliche Bedeutungen haben. Zum anderen werden Sie feststellen, dass in der Fremdsprache häufig ganz andere Präpositionen mit dem Verb verwendet werden als in Ihrer Muttersprache.

L! Gebrauchsanweisung

Wenn Sie sich ein Verb und sein Konjugationsmuster einprägen, dann achten Sie auch darauf, den richtigen Gebrauch des Verbs mitzulernen. Denn nur so können Sie das Gelernte auch in der Praxis erfolgreich zur Anwendung bringen.

L! Wer liest, ist im Vorteil

Wagen Sie sich langsam an fremdsprachige Lektüre heran, sei es in verein-fachter Form mit Übersetzungshilfen, sei es in Form leichter Originaltexte. Schauen Sie sich insbesondere die verwendeten Verbformen immer wieder bewusst an. Es zählt nicht, wie viel Sie lesen, sondern dass Sie einzelne Zeit- und Verbformen im Kontext nachvollziehen können und verstehen, was ausgedrückt werden soll.

L! Haben Sie O-Töne?

Lernen Sie multimedial. Schauen Sie DVDs oder Kinofilme im Originalton und wenn möglich mit Originaluntertitel an, also z. B. einen deutschen Film mit deutschen Untertiteln. Sie werden sehen, dass Sie durch das Mitlesen das Gesprochene wesentlich besser verstehen als ohne die Texthilfe. Halten Sie die DVD gelegentlich an und schreiben Sie sich interessante Verben, auch in Verbindung mit verschiedenen Präpositionen oder als ganze Redewendung, auf.

L! Verben – ab in den Koffer!

Das Spiel „Ich packe in meinen Koffer …" kennt vermutlich jeder. Falls nicht, hier die ultimative Variante zum Konjugationstraining zu zweit: Setzen Sie sich mit Ihrem Mitlerner zusammen und beginnen Sie, indem Sie eine Verbform laut sagen. Ihr Mitlerner muss diese wiederholen und eine andere Verbform hinzufügen. Dann sind wieder Sie an der Reihe mit der nächsten Verbform usw.

Der Vorteil bei dieser Trainingsform ist, dass Sie nicht nur Verbkonjugationen und Vokabeln gleichzeitig lernen, sondern auch Ihr Gedächtnis in Schwung halten – und das auf spielerische und unterhaltsame Art und Weise.

L! Kofferpacken für Fortgeschrittene

Wenn Sie Spaß am spielerischen Lernen gefunden haben, dann gefällt Ihnen sicher auch „Kofferpacken für Fortgeschrittene". Wenn Sie ein Verb „in den Koffer packen", muss Ihr Mitspieler ein Verb dazupacken, das mit dem nächsten Buchstaben des Alphabets beginnt usw. Sie sind auf jeden Fall im Vorteil, denn Sie können sich ja mit den Alphabetischen Verblisten am Ende des Buches bestens auf das verbale Duell vorbereiten.

Wenn Ihnen das noch nicht reicht, gibt es noch die ultimativ spaßige Verben-in-den-Koffer-pack-Variante: Sie vereinbaren mit Ihrem Mitspieler im Vorfeld zwei Handzeichen. Daumen nach oben heißt, dass die Verben, wie oben beschrieben, in alphabetisch aufsteigender Reihenfolge gepackt werden müssen. Daumen nach unten heißt, dass das nächste Verb mit einem Anfangsbuchstaben in alphabetisch absteigender Richtung beginnen muss. Das geht so lange weiter, bis es zum nächsten Richtungswechsel kommt. Sie werden sehen, das Lachen ist programmiert und der Lerneffekt auch.

L! Verb-Memo für Einzelkämpfer zur Pärchenbildung

Um Ihrem neu entdeckten Spieltrieb keinen Abbruch zu tun, hier noch ein Spieltipp, den Sie auch alleine umsetzen können. Schreiben Sie sich die gleiche konjugierte Verbform jeweils auf zwei Kärtchen. Insgesamt sollten Sie ca. 20 bis 30 Kärtchen erstellen, die Sie dann umdrehen und mischen. Dann decken Sie ein Kärtchen auf und versuchen unter den umgedrehten Kärtchen das Pendant zu Ihrem Kärtchen zu finden. Werden Sie nicht auf Anhieb fündig, so müssen Sie die Karte wieder zurückdrehen. Merken Sie sich gut, auf welcher Karte sich welche Verbform befindet, und verwechseln Sie sehr ähnlich aussehende Formen nicht! Wenn Sie ein Pärchen haben, dürfen Sie dieses aus dem Spiel nehmen. Das geht so lange, bis keine Karten mehr im Spiel sind. Auch hier trainieren Sie nicht nur die Konjugationen, sondern Ihr Gedächtnis und manchmal auch Ihre Geduld.

L! Learning by doing in freier Wildbahn

Zu guter Letzt, wenden Sie die gelernten Verben und Konjugationen aktiv an. Genießen Sie es, mit Menschen in der Fremdsprache zu sprechen, die Sie gerade lernen oder dann auch schon können. Freuen Sie sich über die Anerkennung, die Sie dafür bekommen, und die Kontakte, die Sie dabei knüpfen können – weil Sprachen verbinden …

Viel Spaß und Erfolg beim Konjugieren wünscht Ihnen
Ihre Langenscheidt-Redaktion

Terminologie

Fachbegriff	Erklärung
Ablaut	*Stammvokal eines Verbs*
Adjektiv	*Eigenschaftswort*
Akkusativ	*4. Fall*
Aktiv	*Tätigkeitsform*
Dativ	*3. Fall*
Futur	*Zukunft*
Genitiv	*2. Fall*
Genus	*grammatikalisches Geschlecht*
Hilfsverb	*haben, werden, sein*
Imperativ	*Befehlsform*
Indikativ	*Wirklichkeitsform*
Infinitiv	*Grundform*
intransitives Verb	*Verb ohne zwingendes Akkusativobjekt*
Konjugation	*Beugung des Verbs*
Konjunktiv	*Möglichkeitsform*
Modalverb	*Zeitwort der Art und Weise*
Modus	*Aussageweise*
Negation	*Verneinung*
Nominativ	*1. Fall*
Numerus	*grammatische Kategorisierung nach Menge, Person*
Partizip	*Mittelwort*
Passiv	*Leideform*
Perfekt	*vollendete Vergangenheit*
Personalpronomen	*persönliches Fürwort*
Plural	*Mehrzahl*
Plusquamperfekt	*Vorvergangenheit*
Präposition	*Verhältniswort*
Prädikat	*Satzaussage*
Präfix	*vorn angefügtes, unselbstständiges Wortbildungsmittel*
Präsens	*Gegenwart*
Präteritum	*erste Vergangenheit*
reflexives Verb	*rückbezügliches Verb*
Singular	*Einzahl*
Suffix	*hinten angefügtes, unselbstständiges Wortbildungsmittel*
Tempus	*Zeit(form)*
transitives Verb	*Verb mit zwingendem Akkusativobjekt*
Verb	*Zeitwort*

1 Das Verb

A1

ℹ Verben dienen vor allem dazu, Handlungen, Vorgänge und Zustände zu bezeichnen.

☀ Der Infinitiv (▷ ⑤) aller Verben endet auf -en, manchmal auch auf -n: **sagen**, **sprechen**, **handeln**.
Der Teil ohne Endung wird auch Stamm genannt: **sag-**, **sprech-**, **handel-**.

Verben können – je nach Funktion der Endung – vorliegen als
* infinites Verb: Das heißt, das Verb besitzt keine Personalendung und ist unselbstständig. Infinit sind:
  Infinitiv (Präsens und Perfekt): **lieben**, **geliebt haben** und Partizip I und II (▷ ⑥): **liebend**, **geliebt**.
* finites Verb: Dieses hat Personalendungen und dient als Prädikat eines Satzes.

Verben lassen sich von ihrer Funktion her unterscheiden in:
* Hilfsverben (**haben, sein, werden**): Sie dienen dazu, Verbformen zu bilden (▷ **1.2**).
* Modalverben (wie **können, dürfen**): Sie bezeichnen die Modalität eines Geschehens (▷ **1.3**).
* Vollverben (wie **sehen, rufen, lieben**): Sie bilden selbstständig das Prädikat.

1.1 Die Konjugationen

A1

Das Verb wird konjugiert nach:
* Person: 1., 2., 3. Person
* Numerus: Singular, Plural
* Tempus: Präsens, Präteritum, Perfekt, Plusquamperfekt, Futur I, Futur II
* Modus: Indikativ, Konjunktiv, Imperativ
* Genus: Aktiv, Passiv

☀ Einfache Verbformen sind Präsens, Präteritum, Konjunktiv I, Konjunktiv II und Imperativ. Alle anderen Formen sind zusammengesetzt aus einem Hilfsverb und einer infiniten Form des Vollverbs (Infinitiv oder Partizip).

L! Zu lernen sind also bei jedem Verb nur die einfachen Formen, alle anderen lassen sich ableiten.

1.1.1 **Die Personalendungen**

Es gibt zwei Serien von Personalendungen.

	Serie A	
	Präsens	
ich	such-**e**	geb-**e**
du	such-**st**	gib-**st**
er/es/sie	such-**t**	gib-**t**
wir	such-**en**	geb-**en**
ihr	such-**t**	geb-**t**
sie/Sie	such-**en**	geb-**en**

Die Endungsserie A tritt nur im Präsens Indikativ auf. Dies gilt nicht für die Verben **sein** und **wissen** sowie die Modalverben. Bei ihnen wie in allen anderen Fällen tritt die Endungsserie B auf:

	Serie B				
	Präsens	**Präteritum**		**Konjunktiv II**	**Konjunktiv I**
ich	kann-Ø	gab-Ø	such-te-Ø	wär-e-Ø	könn-e-Ø
du	kann-**st**	gab-**st**	such-te-**st**	wär-e-**st**	könn-e-**st**
er/es/sie	kann-Ø	gab-Ø	such-te-Ø	wär-e-Ø	könn-e-Ø
wir	könn-**en**	gab-**en**	such-te-**en**	wär-e-**en**	könn-e-**en**
ihr	könn-**t**	gab-**t**	such-te-**t**	wär-e-**t**	könn-e-**t**
sie/Sie	könn-**en**	gab-**en**	such-te-**en**	wär-e-**en**	könn-e-**en**

⚡ Gleiche Laute verschmelzen zu einem:
wir such-te-**en** → wir suchten, du lies-**st** → du liest.

⚡ Besonderheiten bei der Verbkonjugation:
- ☀ Bei manchen Verben erfolgt in der 2. und 3. Person Singular Präsens ein Wechsel des Stammvokals von -e zu -i (ich **spre**che, du **spri**chst, er **spri**cht) oder Umlaut -a zu -ä (ich **tra**ge, du **trä**gst, er **trä**gt).

- Wenn der Verbstamm auf -d/-t endet und bei einigen Doppelkonsonanten mit -m oder -n, wird vor konsonantischen Personalendungen ein -e- eingeschoben:
  er red-**e**-t, du wart-**e**-st, du atm-**e**-st, sie rechn-**e**-t.
- ⚡ Bei Verben, deren Stamm auf -el oder -er endet, wird dieses -e- in der 1. Person Singular oft ausgelassen: lächeln → ich lächle, zaubern → ich zaubre.

1.1.2 Schwache, starke und gemischte Verben

☼ Nach der Konjugation unterscheidet man schwache, starke und gemischte Verben. Die schwachen Verben sind regelmäßige Verben, die starken und gemischten Verben sind unregelmäßige Verben.

ℹ Entscheidend für die Unterscheidung der schwachen, starken und anderen Verben sind ihre Formen im Präsens, Präteritum und im Partizip II.

Die schwachen Verben haben in allen Formen denselben Stammvokal, im Präteritum das Suffix -te- und im Partizip II die Endung -t:

Infinitiv	Präteritum	Partizip II
suchen	such**te**	gesuch**t**

Die starken Verben verändern in manchen Formen den Stammvokal (= Ablaut). Im Präteritum haben sie kein zusätzliches Suffix und im Partizip II die Endung -en:

Infinitiv	Präteritum	Partizip II
sprechen	spr**a**ch	gespr**o**ch**en**

Die starken Verben teilt man nach dem Wechsel des Stammvokals in drei Ablautgruppen:
- 3 Stammvokale (1 – 2 – 3):
  spr**e**chen – spr**a**ch – gespr**o**chen
- 2 Stammvokale (1 – 2 – 2):
  schr**ei**ben – schr**ie**b – geschr**ie**ben   (Vokal Präteritum = Partizip II)
- 2 Stammvokale (1 – 2 – 1):
  l**e**sen – l**a**s – gel**e**sen   (Vokal Präsens = Partizip II)

Die gemischten Verben haben zwar wie die starken Verben verschiedene Stammvokale, aber wie die schwachen Verben das Suffix -te- im Präteritum und -t im Partizip II: nennen – **nannte** – **genannt**.

1.2 Das Hilfsverb

Formen

ℹ️ Zur Bildung verschiedener Tempora und des Passivs dienen die drei Hilfsverben haben, sein und werden:

	Präsens	Präteritum	Konjunktiv I	Konjunktiv II
ich	habe	hatte	habe	hätte
du	hast	hattest	habest	hättest
er/es/sie	hat	hatte	habe	hätte
wir	haben	hatten	haben	hätten
ihr	habt	hattet	habet	hättet
sie/Sie	haben	hatten	haben	hätten

Inf. Präsens: haben   Inf. Perfekt: gehabt haben
Partizip I: habend   Partizip II: gehabt

	Präsens	Präteritum	Konjunktiv I	Konjunktiv II
ich	bin	war	sei	wäre
du	bist	warst	sei(e)st	wär(e)st
er/es/sie	ist	war	sei	wäre
wir	sind	waren	seien	wären
ihr	seid	wart	sei(e)t	wär(e)t
sie/Sie	sind	waren	seien	wären

Inf. Präsens: sein   Inf. Perfekt: gewesen sein
Partizip I: seiend   Partizip II: gewesen

	Präsens	Präteritum	Konjunktiv I	Konjunktiv II
ich	werde	wurde	werde	würde
du	wirst	wurdest	werdest	würdest
er/es/sie	wird	wurde	werde	würde
wir	werden	wurden	werden	würden
ihr	werdet	wurdet	werdet	würdet
sie/Sie	werden	wurden	werden	würden

Inf. Präsens: werden   Inf. Perfekt: geworden sein
Partizip I: werdend   Partizip II: geworden

Gebrauch

Die Hilfsverben dienen vor allem zur Bildung verschiedener Verbformen:

- haben + Partizip II zur Bildung des Perfekts: ich habe geliebt

- sein + Partizip II zur Bildung des Perfekts: ich bin gelaufen

- werden + Infinitiv zur Bildung des Futurs: er wird kommen   **B1**

- werden + Partizip II zur Bildung des (Vorgangs-)Passivs: sie wird geliebt   **B1**

- sein + Partizip II zur Bildung des Zustandspassivs: es ist geschlossen   **B1**

Die Verben sein, werden und auch bleiben können als Teil des Prädikats (als sogenannte „Kopulaverben") auftreten. Dann verbinden sie sich mit einem Prädikativ:

- mit einem Adjektiv: Wir sind glücklich. Sie **A2** wird krank. Sie bleiben hart.
- mit einem Substantiv: Er ist Lehrer. Sie wird Beamtin.
- mit einem Adverb: Sie ist hier. Wir bleiben da.
- Alle Hilfsverben können auch als Vollverben verwendet werden: Ich habe eine Wohnung (haben = besitzen).

1.3 Das Modalverb

Formen

Die Modalität (Art und Weise) eines Geschehens wird durch die Modalverben ausgedrückt. Ihre Formen im Präsens:

	wollen	sollen	müssen	können	dürfen	mögen	möchten
ich	will	soll	muss	kann	darf	mag	möchte
du	willst	sollst	musst	kannst	darfst	magst	möchtest
er/es/sie	will	soll	muss	kann	darf	mag	möchte
wir	wollen	sollen	müssen	können	dürfen	mögen	möchten
ihr	wollt	sollt	müsst	könnt	dürft	mögt	möchtet
sie/Sie	wollen	sollen	müssen	können	dürfen	mögen	möchten

- Die Modalverben haben auch im Präsens die Personalendungen der Serie B (▷ **1.1.1**).
- Die Modalverben (außer **sollen** und **möchten**) ändern ihren Stammvokal zwischen Singular und Plural.

Gebrauch

☼ Modalverben verbinden sich im Allgemeinen mit einem Vollverb im reinen Infinitiv (▷ **5**):
Ich kann **schwimmen**.

Im Perfekt erscheint das Modalverb im Infinitiv:
Ich **habe** schwimmen **können**.

Modalverben können auch selbstständig (d. h. ohne Infinitiv) verwendet werden:
Ich **kann** das. Sie **will** das.

In diesem Fall wird das Perfekt mit dem Partizip II gebildet:
Ich **habe** das **gekonnt**. Sie **hat** das **gewollt**.

⚡ Die Negation des Modalverbs müssen ist nicht brauchen (mit Infinitiv und zu!):
Ich muss heimgehen. → Ich brauche nicht heimzugehen.

Die Modalverben können auch verwendet werden, um eine Vermutung auszudrücken:

Er **muss** krank sein. (sicherlich)
Sie **müsste** jetzt fast vierzig sein. (wahrscheinlich)
Die Kinder **dürften** schon schlafen. (vermutlich)

☼ Wenn Modalverben mit dem Passiv kombiniert werden, dann wird das Passiv nur beim Vollverb ausgedrückt. Das Modalverb steht als finites Verb an zweiter Stelle:
Der Künstler **sollte** als Erster bedient werden.

1.4 Trennbare und nicht trennbare Verben

❶ Die Verbpräfixe lassen sich in drei große Gruppen einteilen.
• Verben mit betonten Präfixen sind *trennbar*. Dazu gehören:

> ab-, aus-, los-, vor-, da-, hin-, her-, an-, bei-, mit-, weg-, daran-, auf-, ein-, nach-, zu-, darauf-, hinauf-, herauf-

Verben mit diesen betonten Präfixen bilden eine Verbklammer in allen einfachen Tempusformen (jedoch nicht im Nebensatz). Im Partizip II tritt -ge- zwischen Präfix und Partizip (an**ge**sprochen):
Er **sprach** die Leute **an**.

• Verben mit unbetonten Präfixen sind *untrennbar*.

> be-, ent-, er-, ge-, ver-, zer-, miss-

Verben mit diesen Präfixen werden nie getrennt. Im Partizip II erscheint kein -ge-:
Wir **bearbeiten** die Aufgabe.
Wir haben die Aufgabe **bearbeitet**.

• Einige Präfixe bilden – je nach Betonung – entweder untrennbare oder trennbare Verben. Betont sind die Präfixe trennbar, unbetont sind sie untrennbar. Dazu gehören:

> durch-, hinter-, über-, unter-, um-

Betont und trennbar:	Unbetont und untrennbar:
Der Redakteur **schreibt** den Text **um**.	Der Lehrer **umschreibt** ein Wort.
Sie **stellt** das Fahrrad **unter**.	Sie **unterstellt** ihm Betrug.

A1 (2) Der Indikativ

ⓘ Der Indikativ ist der Modus der Wirklichkeit und der Tatsachen, die in der Gegenwart (Präsens), der Vergangenheit (Perfekt, Präteritum, Plusquamperfekt) und der Zukunft (Futur I und II) beschrieben werden.

A1 2.1 Das Präsens

Formen

	schwache Verben lieben	antworten	reisen	klingeln
ich	liebe	antworte	reise	klingle
du	liebst	antwortest	reist	klingelst
er/es/sie	liebt	antwortet	reist	klingelt
wir	lieben	antworten	reisen	klingeln
ihr	liebt	antwortet	reist	klingelt
sie/Sie	lieben	antworten	reisen	klingeln

	starke Verben sehen	schlafen	nehmen	wissen
ich	sehe	schlafe	nehme	weiß
du	siehst	schläfst	nimmst	weißt
er/es/sie	sieht	schläft	nimmt	weiß
wir	sehen	schlafen	nehmen	wissen
ihr	seht	schlaft	nehmt	wisst
sie/Sie	sehen	schlafen	nehmen	wissen

⚡ Starke Verben ändern ihren Stammvokal in der 2. und 3. Person Singular.

Gebrauch

ⓘ Das Präsens beschreibt Handlungen und Ereignisse in der Gegenwart:
Sei bitte ruhig, ich **telefoniere** gerade.

Zusammen mit einer Zeitangabe beschreibt das Präsens auch Zukünftiges:
Ich **fahre** nächste Woche in Urlaub.

2.2 Die Vergangenheit

2.2.1 Das Perfekt

Formen

☼ Die meisten Verben bilden ihr Perfekt mit dem Hilfsverb **haben** und dem Partizip II. ⚡ Einige Verben brauchen jedoch das Hilfsverb **sein** und das Partizip II (▷ **6.2**).

Verb mit **haben**:

	schwaches Verb	starkes Verb
ich	**habe** geliebt	**habe** gerufen
du	**hast** geliebt	**hast** gerufen
er/es/sie	**hat** geliebt	**hat** gerufen
wir	**haben** geliebt	**haben** gerufen
ihr	**habt** geliebt	**habt** gerufen
sie/Sie	**haben** geliebt	**haben** gerufen

Verb mit **sein**:

	schwaches Verb	starkes Verb
ich	**bin** gereist	**bin** gefahren
du	**bist** gereist	**bist** gefahren
er/es/sie	**ist** gereist	**ist** gefahren
wir	**sind** gereist	**sind** gefahren
ihr	**seid** gereist	**seid** gefahren
sie/Sie	**sind** gereist	**sind** gefahren

Gebrauch

Das Perfekt mit haben bilden insbesondere folgende Verben:
- alle transitiven Verben: Ich **habe** das Buch **gelesen**.
- alle reflexiven Verben: Er **hat** sich **gefreut**.
- einige intransitive Verben: Die Blume **hat geblüht**.

Mit sein bilden die intransitiven Verben ihr Perfekt, die
- eine Fortbewegung oder gerichtete Bewegung bezeichnen: Ich **bin gelaufen**.
- eine Veränderung bezeichnen (z. B. den Beginn oder das Ende einer Handlung): Er **ist** eingeschlafen.
- sowie die Verben sein und bleiben: Ich **bin** gestern dort **gewesen**. Sie **ist** noch etwas länger **geblieben**.

☀ Mit dem Perfekt drückt man Vergangenes aus. Es wird hauptsächlich in der gesprochenen Sprache verwendet:
„Ich **bin** am Wochenende nach Berlin **gefahren**. Und du?" – „Ich **habe** eine Radtour **gemacht**."

 2.2.2 Das Präteritum

Formen
☀ Das Tempus-Signal für das Präteritum ist das Suffix -te- bei den schwachen Verben und die Stammvokalveränderung bei den starken Verben.

	schwaches Verb lieben	antworten	starkes Verb rufen	gemischtes Verb denken
ich	liebte	antwortete	rief	dachte
du	liebtest	antwortetest	riefst	dachtest
er/es/sie	liebte	antwortete	rief	dachte
wir	liebten	antworteten	riefen	dachten
ihr	liebtet	antwortetet	rieft	dachtet
sie/Sie	liebten	antworteten	riefen	dachten

Gebrauch
❶ Mit dem Präteritum werden Handlungen in der Vergangenheit beschrieben.
↪ Man verwendet es hauptsächlich in der geschriebenen Sprache, z. B. in Erzählungen, Berichten, Artikeln etc.:
Vorsichtig **ging** er die Treppe hinauf, **öffnete** die Tür und dann **sah** er es.

⚡ Die Verben haben und sein sowie die Modalverben und der Ausdruck es gibt werden auch in der gesprochenen Sprache im Präteritum verwendet: **Warst** du am Wochenende bei dem Konzert? – Nein, ich **hatte** Kopfschmerzen. Außerdem **gab es** keine Karten mehr.

2.2.3 Das Plusquamperfekt

B1

Formen

☀ Das Plusquamperfekt wird mit den Hilfsverben haben und sein im Präteritum und dem Partizip II gebildet.
Verb mit haben:

hatte/hattest/hatte/ hatten/hattet/hatten	geliebt/gerufen

Verb mit sein:

war/warst/war/ waren/wart/waren	gereist/gefahren

Gebrauch

☀ Das Plusquamperfekt wird verwendet, um in der Vergangenheit Vorzeitigkeit auszudrücken, d.h., die Handlung, die einer anderen zeitlich vorangegangen ist, steht im Plusquamperfekt, die spätere Handlung im Perfekt oder Präteritum: Nachdem er das Studium **beendet hatte**, machte er eine Weltreise.

2.3 Das Futur

B1

2.3.1 Das Futur I

B1

Formen

☀ Das Hilfsverb werden im Präsens bildet zusammen mit dem Infinitiv eines Vollverbs das Futur I.

	schwaches Verb	starkes Verb
ich	werde lieben	werde rufen
du	wirst lieben	wirst rufen
er/es/sie	wird lieben	wird rufen
wir	werden lieben	werden rufen
ihr	werdet lieben	werdet rufen
sie/Sie	werden lieben	werden rufen

Gebrauch

ⓘ Das Futur I wird verwendet, um Vorgänge oder Handlungen zu beschreiben, die in der Zukunft liegen:
Sie **wird** bald nach Australien **gehen**.
ⓘ Allerdings wird im heutigen Deutsch meist die Form des Präsens verwendet, um etwas Zukünftiges zu bezeichnen:
Im nächsten Jahr **mache** ich Examen.
Im Sommer **fahren** wir nach Italien.

⚡ Die Verbindung von **werden** mit Infinitiv drückt meist noch eine zusätzliche Bedeutung aus:
• Vermutung:
   Sie **wird** nicht mehr **kommen**.
   Er **wird** wohl **siegen**.
• nachdrückliche Aufforderung:
   Das **wirst** du nicht noch einmal **tun**!
   Auf der Konferenz **wird** man sich hoffentlich **einigen**.

B2 2.3.2 **Das Futur II**

Formen

☀ Das Futur II wird mit dem Hilfsverb **werden** im Präsens und dem Partizip II mit **haben** oder **sein** gebildet. Die Hilfsverben **haben** und **sein** stehen im Infinitiv hinter dem Partizip II.

	schwaches Verb	starkes Verb
ich	werde geliebt haben	werde gerufen haben
du	wirst geliebt haben	wirst gerufen haben
er/es/sie	wird geliebt haben	wird gerufen haben
wir	werden geliebt haben	werden gerufen haben
ihr	werdet geliebt haben	werdet gerufen haben
sie/Sie	werden geliebt haben	werden gerufen haben

Gebrauch

ℹ Das Futur II drückt aus, dass eine Handlung in der Zukunft abgeschlossen ist: Nächstes Jahr **wird** er sein eigenes Geschäft **eröffnet haben.**

⚡ Ebenso wie das Futur I kann auch das Futur II für Vermutungen und nachdrückliche Aufforderungen verwendet werden:
Er **wird** jetzt wohl in Berlin **angekommen sein.**
Sie **werden** den Bericht bis morgen fertig **geschrieben haben.**

③ Der Konjunktiv

B1

ℹ In der deutschen Sprache werden zwei Konjunktive unterschieden: der Konjunktiv II und der Konjunktiv I.
☀ Gebräuchlich ist vor allem der Konjunktiv II.

Der Konjunktiv I ist von der Präsensform des Verbs abgeleitet, der Konjunktiv II von der Präteritumform des Verbs. ⚡ Allerdings drücken die beiden Konjunktivformen keine unterschiedlichen Zeitstufen aus!
Beide liegen im Präsens und in der Vergangenheit vor:

	Konjunktiv II	Konjunktiv I
Präsens	er riefe/er ginge	er rufe/er gehe
Vergangenheit	er hätte gerufen/ er wäre gegangen	er habe gerufen/ er sei gegangen

3.1 **Der Konjunktiv II**

Formen

	synthetisch	würde-Form
ich	riefe	würde rufen
du	riefest	würdest rufen
er/es/sie	riefe	würde rufen
wir	riefen	würden rufen
ihr	riefet	würdet rufen
sie/Sie	riefen	würden rufen

☼ Das Modus-Signal für den Konjunktiv ist das Suffix -e- und bei starken Verben – wenn möglich – der Umlaut.

ⓘ Der Konjunktiv II liegt einmal als „synthetische" (einfache) Verbform vor und einmal als Form, die mit dem Hilfsverb **würde** zusammengesetzt ist.

ⓘ Die synthetischen und die **würde**-Formen sind heute in ihrer Bedeutung und Funktion völlig gleich.

☼ Die synthetischen Konjunktiv II-Formen sind nur noch gebräuchlich bei:
• den Hilfsverben sein, haben und werden
• den Modalverben
• den häufig verwendeten starken Verben: **käme, wüsste, ginge, ließe, bräuchte, nähme, gäbe, sähe, läge.**
In allen anderen Fällen und bei regelmäßigen Verben nimmt man die **würde**-Form.

☼ In der Vergangenheit wird beim Konjunktiv II die synthetische Form gewählt. Sie wird aus der synthetischen Konjunktiv II-Form von haben und sein und dem Partizip II gebildet: ich hätte gerufen/ich wäre gegangen.

Gebrauch
ⓘ Der Konjunktiv II tritt in folgenden Verwendungen auf:
• indirekte Rede (▷ **3.2**)

• Wunschsätze:
  Kämest du doch endlich!
  Würde es jetzt nur endlich einmal **regnen**!
  Wenn es doch jetzt endlich **regnen würde**!

🔆 In Wunschsätzen steht entweder das finite Verb im Konjunktiv am Satzanfang oder die Sätze werden mit **wenn** eingeleitet.

• Konditionalsätze zum Ausdruck der Irrealität (Unwirklichkeit):
Wenn sie ihn **geheiratet hätte, wäre** sie wohl nicht berühmt **geworden.**
Wenn sie **wollte, könnte** sie immer noch zu ihm zurückkehren.

• irreale Vergleiche:
Sie verhielt sich, **als hätte** sie Probleme/**als ob** sie Probleme **hätte.**

Bei den irrealen Vergleichen kann manchmal auch der Konjunktiv I vorkommen:
Sie sah so aus, **als wäre** sie glücklich/**als sei** sie glücklich.

• Besonders höfliche Äußerungen:
Hätten Sie einen Moment Zeit?

• In vorsichtigen oder zurückhaltenden Aussagen:
Das **wäre** ja recht praktisch.

3.2 Der Konjunktiv I

Formen
🔆 Das Konjunktiv-Signal ist wie beim Konjunktiv II das eingeschobene Suffix -e-. Außer beim Verb **sein** lässt sich die Konjunktiv I-Form nur in der 2./3. Person Singular und in der 2. Person Plural von der Indikativform unterscheiden (du gehest, er gehe, ihr gehet).

	Konjunktiv I		Konjunktiv II
ich	rufe	→	riefe/würde rufen
du	rufest		(riefest/würdest rufen)
er/es/sie	rufe		(riefe/würde rufen)
wir	rufen	→	riefen/würden rufen
ihr	rufet		(riefet/würdet rufen)
sie/Sie	rufen	→	riefen/würden rufen

🔆 Lässt sich der Konjunktiv I nicht von der Präsensform unterscheiden, verwendet man den Konjunktiv II.

Gebrauch

ⓘ Der Konjunktiv I wird in der indirekten Rede verwendet. In der indirekten Rede wird deutlich gemacht, dass der Sprecher die Äußerung eines anderen Sprechers wiedergibt, z. B. mit Verben wie **sagen/fragen, dass** und dem Konjunktiv.

⚡ Konjunktiv I + II und die **würde**-Form sind heute in der indirekten Rede bedeutungsgleich: **Er fragt, ob du krank seist.**

A1 **Der Imperativ**

Formen

	gehen	warten	nehmen
Sie-Form	Gehen Sie!	Warten Sie!	Nehmen Sie!
Du-Form	Geh!	Warte!	Nimm!
Ihr-Form	Geht!	Wartet!	Nehmt!

☼ Die Sie-Form ändert sich nur dadurch, dass das Verb an die erste Position tritt. Bei der Du- und der Ihr-Form wird das Personalpronomen weggelassen, bei der Du-Form außerdem die Personalendung -st: **du gehst → Geh!**

Die unregelmäßigen Formen des Imperativs:

	fahren	sein
Sie-Form	Fahren Sie!	Seien Sie (ruhig)!
Du-Form	Fahr!	Sei (ruhig)!
Ihr-Form	Fahrt!	Seid (ruhig)!

☼ Bei unregelmäßigen Verben wird der Umlaut in der 2. Person Singular weggelassen: **du fährst → Fahr!**

Gebrauch

ⓘ Der Imperativ wird für Aufforderungen, Ratschläge und Empfehlungen, Bitten und Vorschläge verwendet:

Mach die Heizung und das Licht **aus**! (Aufforderung)
Geh doch zum Arzt. (Ratschlag/Empfehlung)
Bleiben Sie bitte noch ein bisschen! (Bitte)

⑤ Der Infinitiv

B1

☀ Der Infinitiv ist die Grundform des Verbs und in Person und Numerus unveränderlich: kaufen, gehen, lachen.
ⓘ Der Infinitiv kann entweder als reiner Infinitiv verwendet werden oder zusammen mit der Infinitivpartikel zu.

5.1 Der reine Infinitiv

A1

Der reine Infinitiv steht:
• nach den Modalverben:
  Ich **kann schwimmen**.

⚡ Im Perfekt und Plusquamperfekt steht bei diesen Sätzen ebenfalls der Infinitiv: B1
Ich habe **schwimmen können**.

• Nach den Verben lassen, bleiben, lehren, lernen, helfen:

Wir **lassen** unsere Wohnung **putzen**.
Plötzlich **blieb** er **stehen**.
Die Kinder **lernen schreiben** und **lesen**.

⚡ Im Perfekt und im Plusquamperfekt des Verbs lassen tritt nur der Infinitiv auf:
Wir **haben** unsere Wohnung **putzen lassen**.

• nach bestimmten Verben der Wahrnehmung:
  Ich **höre** sie **singen**.

Im Perfekt und Plusquamperfekt tritt der Infinitiv auf (manchmal auch das Partizip II):
Ich habe sie **singen hören** (auch: gehört).

• nach einigen einfachen Fortbewegungsverben, vor allem nach dem Verb   A2
  gehen:

Gehst du schwimmen? – Nein, ich **fahre einkaufen**.
– Dann **gehe** ich eben alleine **spazieren**.

• Bei den Verben helfen, lehren, lernen kann auch die Infinitivpartikel zu stehen,   B1
  wenn der Infinitiv von Ergänzungen begleitet ist:
  Wir helfen euch, die Formulare **auszufüllen**.

B1 ### 5.2 Der Infinitiv mit zu

Der Infinitiv mit zu steht in allen anderen Fällen, insbesondere bei:
• Verben oder Ausdrücken, die eine Absicht oder Meinung zum Ausdruck bringen:

Ich habe die Absicht, morgen nach München **zu fahren.**
Ich hoffe, dort etwas Erholung **zu finden.**

• Verben, die Phasen einer Handlung (Anfang, Ende oder Verlauf) ausdrücken:
Ich fange an, müde **zu werden.**

• den modalverbähnlichen Verben scheinen und (nicht) brauchen:
Sie scheint **zu schlafen.**

B2 • den Hilfsverben haben und sein:
Sie hat das ganze Wochenende **zu arbeiten.** (= sie muss arbeiten)
Sie ist wirklich **zu bedauern.** (= sie muss bedauert werden)

• der Infinitiv mit zu steht auch nach den Konjunktionen um (zu), ohne (zu),
anstatt (zu):
Die meisten Leute arbeiten, **um zu leben.**
Manche Leute leben, **ohne zu arbeiten.**
Und einige Leute arbeiten, **anstatt zu leben.**

• der Infinitiv mit zu kann auch anstelle eines dass-Satzes auftreten, vor allem
dann, wenn das Subjekt des Hauptsatzes mit dem Subjekt des dass-Satzes
identisch ist:
Ich freue mich, dass ich Sie wiedersehe. → Ich freue mich, Sie **wieder-
zusehen.**

A2 ## ⑥ Das Partizip

❶ Im Deutschen gibt es zwei Formen des Partizips:
• Partizip I (auch: Partizip Präsens)
• Partizip II (auch: Partizip Perfekt)

B1 ### 6.1 Das Partizip I

Formen
☀ Das Partizip I wird gebildet, indem an den Verbstamm -end angehängt wird:
sing**end**, les**end**, trink**end.**
⚡ Es hat immer aktivische Bedeutung.

Gebrauch

Das Partizip I kann folgendermaßen verwendet werden:

attributiv:	die **singenden** Vögel
adverbial:	er ging **lachend** davon

☼ Beim attributiven Gebrauch des Partizip I wird es wie ein Adjektiv dekliniert. Wie Adjektive können auch die Partizipien I substantiviert werden: lesend → der/die Lesende.

☼ In der Verbindung mit zu bekommt das Partizip I passivische Bedeutung und drückt zusätzlich eine bestimmte Modalität (meist Notwendigkeit) aus: **B2**

ein **zu befürchtender** Nachteil (= ein Nachteil, der befürchtet werden muss)
eine **zu erledigende** Arbeit (= eine Arbeit, die erledigt werden muss)

6.2 Das Partizip II **A2**

Formen

Das Partizip II wird durch folgende Veränderungen gebildet:
Das Element ge- wird vor den Verbstamm gesetzt: **ge**-macht. Bei den schwachen (regelmäßigen) Verben wird die Endung -t an den Verbstamm gehängt: gemach-**t**.

⚡ Verben auf -ieren und Verben mit unbetonten, nicht trennbaren Präfixen haben kein -ge vor dem Verbstamm: studiert, telefoniert, erklärt.
Bei den Verben mit betonten, trennbaren Präfixen steht das Element -ge- zwischen Präfix und Verbstamm:
auf-**ge**-wacht, ein-**ge**-kauft.
⚡ Verben, die auf -d/-t oder Doppelkonsonanten mit -m/-n enden, erhalten die Endung -et: gered**et**, gerechn**et**.

Starke Verben erhalten die Endung -en. Zusätzlich verändern die meisten den Verbstamm: losge**gangen** (▷ 1.1.2).

Gebrauch

Das Partizip II wird in Kombination mit bestimmten Hilfsverben als Verb zur Bildung der zusammengesetzten Zeiten gebraucht:

Perfekt/Plusquamperfekt:	Wir haben/hatten **gelesen**.
	Sie sind/waren **gekommen**.
Passiv:	Sie wurden **geliebt**.

B1 ☀ Das Partizip II kann auch adjektivisch, meist attributiv, verwendet werden. Es wird dann dekliniert wie ein Adjektiv.

der geschriebene Text (= der Text, der geschrieben wurde)
die Geretteten (= die Menschen, die gerettet wurden)
der eingefahrene Zug (= der Zug, der eingefahren ist)
die angekommenen Gäste (= die Gäste, die angekommen sind)

B2 **(7) Das Passiv**

ⓘ Das Passiv wird verwendet, wenn der Handelnde nicht genannt werden kann oder soll.

Man unterscheidet Vorgangs- und Zustandspassiv. Das häufigere Passiv ist das Vorgangspassiv, das mit werden und dem Partizip II gebildet wird. Das Zustandspassiv wird mit sein und dem Partizip II gebildet.

Formen

Das Vorgangspassiv im Indikativ:

Präsens: er/es/sie wird geliebt/gerufen
Präteritum: er/es/sie wurde geliebt/gerufen
Perfekt: er/es/sie ist geliebt/gerufen worden
Plusquamperfekt: er/es/sie war geliebt/gerufen worden
Futur I: er/es/sie wird geliebt/gerufen werden
Futur II: er/es/sie wird geliebt/gerufen worden sein

Das Vorgangspassiv im Konjunktiv:

Konjunktiv I: er/es/sie werde geliebt/gerufen
Konjunktiv II: er/es/sie würde geliebt/gerufen
Vergangenheit Konj. I: er/es/sie sei geliebt/gerufen worden
Vergangenheit Konj. II: er/es/sie wäre geliebt/gerufen worden
Futur Konjunktiv I: er/es/sie werde geliebt/gerufen werden
Futur Konjunktiv II: er/es/sie würde geliebt/gerufen werden

Infinitiv Präsens: geliebt/gerufen werden
Infinitiv Perfekt: geliebt/gerufen worden sein
Modalpartizip: zu liebend/zu rufend
Partizip II: geliebt/gerufen
Imperativ: werde (werdet, werden Sie) geliebt!

Das Zustandspassiv:

Infinitiv Präsens: verzaubert sein
Infinitiv Perfekt: verzaubert gewesen sein
Partizip II: verzaubert (gewesen)
Imperativ: sei (seid, seien Sie) verzaubert!

☼ Am gebräuchlichsten ist das Zustandspassiv im Präsens und im Präteritum.

Gebrauch

ⓘ Das Vorgangspassiv beschreibt eine bestimmte Aktion oder einen Vorgang:
Die Türen des Museums **werden geschlossen**.
Die Lichter **werden gelöscht**.

☛ Das Vorgangspassiv ist in der schriftlichen Sprache gebräuchlicher als in
der mündlichen. Es wird häufig in wissenschaftlichen Texten, Zeitungsartikeln,
Beschreibungen von Arbeitsvorgängen, Regeln und Vorschriften verwendet, da es
in diesen Texten meist nicht darauf ankommt, wer die Handlung ausgeführt hat.

Wenn man den Handelnden dennoch erwähnen möchte, wird er mit der Präposition von + Dativ genannt:
Die Türen des Museums werden **vom Wächter** geschlossen.

Das Zustandspassiv beschreibt einen Zustand, der das Resultat eines Vorgangs
ist:
Die Türen des Museums **sind geschlossen**.
Die Lichter **sind gelöscht**.

① sein

Musterkonjugation;
Hilfsverb, Vollverb

Indikativ

Präsens

ich	bin
du	bist
er	ist
wir	sind
ihr	seid
sie	sind

Perfekt

ich	bin	gewesen
du	bist	gewesen
er	ist	gewesen
wir	sind	gewesen
ihr	seid	gewesen
sie	sind	gewesen

Futur I

ich	werde	sein
du	wirst	sein
er	wird	sein
wir	werden	sein
ihr	werdet	sein
sie	werden	sein

Präteritum

ich	war
du	warst
er	war
wir	waren
ihr	wart
sie	waren

Plusquamperfekt

ich	war	gewesen
du	warst	gewesen
er	war	gewesen
wir	waren	gewesen
ihr	wart	gewesen
sie	waren	gewesen

Futur II

ich	werde	gewesen	sein
du	wirst	gewesen	sein
er	wird	gewesen	sein
wir	werden	gewesen	sein
ihr	werdet	gewesen	sein
sie	werden	gewesen	sein

Konjunktiv

Konjunktiv I

ich	sei
du	sei(e)st
er	sei
wir	seien
ihr	sei(e)t
sie	seien

Perfekt

ich	sei	gewesen
du	sei(e)st	gewesen
er	sei	gewesen
wir	seien	gewesen
ihr	sei(e)t	gewesen
sie	seien	gewesen

Futur I

ich	werde	sein
du	werdest	sein
er	werde	sein
wir	werden	sein
ihr	werdet	sein
sie	werden	sein

Konjunktiv II

ich	wäre
du	wär(e)st
er	wäre
wir	wären
ihr	wär(e)t
sie	wären

Plusquamperfekt

ich	wäre	gewesen
du	wär(e)st	gewesen
er	wäre	gewesen
wir	wären	gewesen
ihr	wär(e)t	gewesen
sie	wären	gewesen

Futur II

ich	werde	gewesen	sein
du	werdest	gewesen	sein
er	werde	gewesen	sein
wir	werden	gewesen	sein
ihr	werdet	gewesen	sein
sie	werden	gewesen	sein

Infinitiv

Perfekt

gewesen sein

Partizip

Partizip I

seiend

Partizip II

gewesen

Imperativ

sei
seien wir
seid
seien Sie

Anwendungsbeispiele

Gregor **ist** sportlich. *Gregor hat eine Begabung für Sport.*
Das Handy **ist** in der Jackentasche. *Das Handy steckt in der Jackentasche.*
Der Wein **ist** aus Frankreich. *Der Wein kommt aus Frankreich.*
Die Flutkatastrophe **war** im Februar 1962. *Die Flutkatastrophe ereignete sich im Februar 1962.*
Der weltkleinste Wagen **ist** aus einem Molekül. *Der weltkleinste Wagen besteht aus einem Molekül.*

 Sprichwörter

Sei selbst gut, dann ist der andere dir noch besser. *Wenn man gut zu anderen Menschen ist, wird man reich belohnt.*
Was noch nicht ist, kann ja noch werden. *Das kann in der Zukunft noch Wirklichkeit werden.*
Wären keine Sünder, so wären keine Heiligen. *Das Gute existiert nicht ohne das Böse.*

 Ähnliche Verben

sich befinden
gehören
sich aufhalten
(her)kommen
bestehen
sich ereignen
existieren

 Gebrauch

Das Verb sein wird als Vollverb und als Hilfsverb verwendet. Als Hilfsverb bildet es zusammen mit dem Partizip II das Zustandspassiv und für Verben der Bewegung und der Zustandsveränderung die zusammengesetzten Zeitformen (▷ Grammatik rund ums Verb, **1.2**).

② haben

Musterkonjugation;
Hilfsverb, Vollverb

Indikativ

Präsens		Perfekt			Futur I		
ich	habe	ich	habe	gehabt	ich	werde	haben
du	hast	du	hast	gehabt	du	wirst	haben
er	hat	er	hat	gehabt	er	wird	haben
wir	haben	wir	haben	gehabt	wir	werden	haben
ihr	habt	ihr	habt	gehabt	ihr	werdet	haben
sie	haben	sie	haben	gehabt	sie	werden	haben

Präteritum		Plusquamperfekt			Futur II			
ich	hatte	ich	hatte	gehabt	ich	werde	gehabt	haben
du	hattest	du	hattest	gehabt	du	wirst	gehabt	haben
er	hatte	er	hatte	gehabt	er	wird	gehabt	haben
wir	hatten	wir	hatten	gehabt	wir	werden	gehabt	haben
ihr	hattet	ihr	hattet	gehabt	ihr	werdet	gehabt	haben
sie	hatten	sie	hatten	gehabt	sie	werden	gehabt	haben

Konjunktiv

Konjunktiv I		Perfekt			Futur I		
ich	habe	ich	habe	gehabt	ich	werde	haben
du	habest	du	habest	gehabt	du	werdest	haben
er	habe	er	habe	gehabt	er	werde	haben
wir	haben	wir	haben	gehabt	wir	werden	haben
ihr	habet	ihr	habet	gehabt	ihr	werdet	haben
sie	haben	sie	haben	gehabt	sie	werden	haben

Konjunktiv II		Plusquamperfekt			Futur II			
ich	hätte	ich	hätte	gehabt	ich	werde	gehabt	haben
du	hättest	du	hättest	gehabt	du	werdest	gehabt	haben
er	hätte	er	hätte	gehabt	er	werde	gehabt	haben
wir	hätten	wir	hätten	gehabt	wir	werden	gehabt	haben
ihr	hättet	ihr	hättet	gehabt	ihr	werdet	gehabt	haben
sie	hätten	sie	hätten	gehabt	sie	werden	gehabt	haben

Infinitiv

Perfekt
gehabt haben

Partizip

Partizip I
habend

Partizip II
gehabt

Imperativ

hab(e)
haben wir
habt
haben Sie

Anwendungsbeispiele

Peter **hat** ein neues Auto. *Peter besitzt ein neues Auto.*
Sie **hat** viel Erfahrung in diesem Bereich. *Sie verfügt über viel Erfahrung in diesem Bereich.*
Sie **haben** eine Villa, einen Jaguar und eine Yacht. *Ihnen gehört eine Villa, ein Jaguar und eine Yacht.*
Sie **hat** einen gesunden Appetit. *Sie erfreut sich eines gesunden Appetits.*
München **hat** 1,33 Millionen Einwohner auf 5503 Quadratkilometern. *München zählt 1,33 Millionen Einwohner auf 5503 Quadratkilometern.*

 Redewendungen

noch zu haben sein *noch nicht verheiratet oder gebunden sein*
an sich haben *charakteristisch sein, als Angewohnheit haben*
etw. für sich haben *vorteilhaft sein*
hinter sich haben *eine schwierige Situation überstanden haben*
in sich haben *nicht zu unterschätzen sein*
etw./nichts von etw. haben *von (keinem) Nutzen sein*

 Ähnliche Verben

besitzen	vorhaben
gehören	innehaben
verfügen über	
bekommen	
aufweisen	
zählen	
beinhalten	

 Gebrauch

Das Verb haben wird als Vollverb und als Hilfsverb verwendet. Als Hilfsverb bildet es zusammen mit dem Partizip II für die meisten Verben die zusammengesetzten Zeiten (▷ Grammatik rund ums Verb, 1.2).

(3) werden

Musterkonjugation;
Hilfsverb, Vollverb; Stammvokalwechsel e → u → o

Indikativ

Präsens		Perfekt			Futur I		
ich	werde	ich	bin	geworden	ich	werde	werden
du	wirst	du	bist	geworden	du	wirst	werden
er	wird	er	ist	geworden	er	wird	werden
wir	werden	wir	sind	geworden	wir	werden	werden
ihr	werdet	ihr	seid	geworden	ihr	werdet	werden
sie	werden	sie	sind	geworden	sie	werden	werden

Präteritum		Plusquamperfekt			Futur II			
ich	wurde	ich	war	geworden	ich	werde	geworden	sein
du	wurdest	du	warst	geworden	du	wirst	geworden	sein
er	wurde	er	war	geworden	er	wird	geworden	sein
wir	wurden	wir	waren	geworden	wir	werden	geworden	sein
ihr	wurdet	ihr	wart	geworden	ihr	werdet	geworden	sein
sie	wurden	sie	waren	geworden	sie	werden	geworden	sein

Konjunktiv

Konjunktiv I		Perfekt			Futur I		
ich	werde	ich	sei	geworden	ich	werde	werden
du	werdest	du	sei(e)st	geworden	du	werdest	werden
er	werde	er	sei	geworden	er	werde	werden
wir	werden	wir	seien	geworden	wir	werden	werden
ihr	werdet	ihr	sei(e)t	geworden	ihr	werdet	werden
sie	werden	sie	seien	geworden	sie	werden	werden

Konjunktiv II		Plusquamperfekt			Futur II			
ich	würde	ich	wäre	geworden	ich	werde	geworden	sein
du	würdest	du	wär(e)st	geworden	du	werdest	geworden	sein
er	würde	er	wäre	geworden	er	werde	geworden	sein
wir	würden	wir	wären	geworden	wir	werden	geworden	sein
ihr	würdet	ihr	wär(e)t	geworden	ihr	werdet	geworden	sein
sie	würden	sie	wären	geworden	sie	werden	geworden	sein

Infinitiv

Perfekt

geworden sein

Partizip

Partizip I

werdend

Partizip II

worden/geworden

Imperativ

werde

werden wir

werdet

werden Sie

Anwendungsbeispiele

Nach dem Essen **werde** ich immer müde. *Nach dem Essen **beginne** ich mich müde zu fühlen.*
Auf Dauer **wird** es zur Routine. *Auf Dauer **entwickelt** es sich zur Routine.*
Der Gänsebraten **ist** was **geworden**! *Der Gänsebraten **ist** gut **gelungen**.*
Warte nicht, es **wird** spät. *Warte nicht, es **dauert** länger.*

 Redewendungen

nicht mehr werden *aus dem Staunen nicht rauskommen*
irgendwo nicht alt werden *sich irgendwo nicht gern lange aufhalten*
einer Sache ansichtig werden *etwas erblicken*
etw./nichts werden *gelingen/nicht gelingen*

 Ähnliche Verben

sich ändern
sich wandeln
sich nähern
beginnen
sich entwickeln
gelingen

 Gebrauch

Das Verb werden wird als Vollverb und als Hilfsverb verwendet. Als Hilfsverb wird mit werden die Zukunft ausgedrückt und es bildet zusammen mit dem Partizip II das Vorgangspassiv (▷ Grammatik rund ums Verb, **1.2**).
Die Konjunktiv II-Form von werden (würde) in Verbindung mit einem Infinitiv wird häufig als Ersatzform für den Konjunktiv II verwendet, wenn sich die Konjunktiv II-Formen nicht vom Präteritum unterscheiden lassen, wie es bei den regelmäßigen Verben der Fall ist.
Präteritum: er spielte
Konjunktiv II: er spielte → er **würde** spielen

(4) lieben

Indikativ

Präsens			Perfekt			Futur I		
ich	liebe		ich	habe	geliebt	ich	werde	lieben
du	liebst		du	hast	geliebt	du	wirst	lieben
er	liebt		er	hat	geliebt	er	wird	lieben
wir	lieben		wir	haben	geliebt	wir	werden	lieben
ihr	liebt		ihr	habt	geliebt	ihr	werdet	lieben
sie	lieben		sie	haben	geliebt	sie	werden	lieben

Präteritum			Plusquamperfekt			Futur II			
ich	liebte		ich	hatte	geliebt	ich	werde	geliebt	haben
du	liebtest		du	hattest	geliebt	du	wirst	geliebt	haben
er	liebte		er	hatte	geliebt	er	wird	geliebt	haben
wir	liebten		wir	hatten	geliebt	wir	werden	geliebt	haben
ihr	liebtet		ihr	hattet	geliebt	ihr	werdet	geliebt	haben
sie	liebten		sie	hatten	geliebt	sie	werden	geliebt	haben

Konjunktiv

Konjunktiv I			Perfekt			Futur I		
ich	liebe		ich	habe	geliebt	ich	werde	lieben
du	liebest		du	habest	geliebt	du	werdest	lieben
er	liebe		er	habe	geliebt	er	werde	lieben
wir	lieben		wir	haben	geliebt	wir	werden	lieben
ihr	liebet		ihr	habet	geliebt	ihr	werdet	lieben
sie	lieben		sie	haben	geliebt	sie	werden	lieben

Konjunktiv II			Plusquamperfekt			Futur II			
ich	liebte		ich	hätte	geliebt	ich	werde	geliebt	haben
du	liebtest		du	hättest	geliebt	du	werdest	geliebt	haben
er	liebte		er	hätte	geliebt	er	werde	geliebt	haben
wir	liebten		wir	hätten	geliebt	wir	werden	geliebt	haben
ihr	liebtet		ihr	hättet	geliebt	ihr	werdet	geliebt	haben
sie	liebten		sie	hätten	geliebt	sie	werden	geliebt	haben

Infinitiv

Perfekt

geliebt haben

Partizip

Partizip I

liebend

Partizip II

geliebt

Imperativ

lieb(e)

lieben wir

liebt

lieben Sie

Anwendungsbeispiele

Ich **liebe** dich. *Ich mag dich sehr gern.*
Anna **liebt** die Musik von Beethoven. *Anna gefällt die Musik von Beethoven sehr.*
Petra und Paul **lieben sich**. *Petra und Paul begehren sich.*
Sie **liebt** es, nach der Arbeit ein Bad zu nehmen. *Sie schätzt es sehr, nach der Arbeit ein Bad zu nehmen.*
Sie **liebten sich** auf seinem neuen Sofa. *Sie hatten Sex auf seinem neuen Sofa.*

 Redewendungen

abgöttisch lieben *anbeten und vergöttern*
leidenschaftlich lieben *sehnsüchtige Liebe empfinden*
über alles lieben *sehr hoch schätzen*
von ganzem Herzen lieben *tiefe Liebesgefühle hegen*
die Abwechslung lieben *gerne etw. Neues ausprobieren, häufig den Freund/ die Freundin wechseln (umgs.)*
lieben lernen *allmählich lieb gewinnen*

 Ähnliche Verben

begehren   sich verlieben
mögen
lieb haben
ins Herz geschlossen haben
schätzen
vergöttern
anbeten
zugetan sein

 Gebrauch

Da sich bei lieben, wie bei allen regelmäßigen Verben, der Konjunktiv II nicht vom Präteritum unterscheidet, verwendet man statt der synthetischen Form meist die würde-Form: ich würde lieben (Grammatik rund ums Verb, **3.1**).

 Tipps & Tricks

Merken Sie sich die Konjugation dieses Verbs besonders gut. Die meisten Verben sind regelmäßig und haben die gleichen Formen wie lieben.

(5) nehmen

Musterkonjugation;
Unregelmäßiges Verb, Stammvokalwechsel e → a → o

Indikativ

Präsens
ich nehme
du nimmst
er nimmt
wir nehmen
ihr nehmt
sie nehmen

Perfekt
ich habe genommen
du hast genommen
er hat genommen
wir haben genommen
ihr habt genommen
sie haben genommen

Futur I
ich werde nehmen
du wirst nehmen
er wird nehmen
wir werden nehmen
ihr werdet nehmen
sie werden nehmen

Präteritum
ich nahm
du nahmst
er nahm
wir nahmen
ihr nahmt
sie nahmen

Plusquamperfekt
ich hatte genommen
du hattest genommen
er hatte genommen
wir hatten genommen
ihr hattet genommen
sie hatten genommen

Futur II
ich werde genommen haben
du wirst genommen haben
er wird genommen haben
wir werden genommen haben
ihr werdet genommen haben
sie werden genommen haben

Konjunktiv

Konjunktiv I
ich nehme
du nehmest
er nehme
wir nehmen
ihr nehmet
sie nehmen

Perfekt
ich habe genommen
du habest genommen
er habe genommen
wir haben genommen
ihr habet genommen
sie haben genommen

Futur I
ich werde nehmen
du werdest nehmen
er werde nehmen
wir werden nehmen
ihr werdet nehmen
sie werden nehmen

Konjunktiv II
ich nähme
du nähmest
er nähme
wir nähmen
ihr nähmet
sie nähmen

Plusquamperfekt
ich hätte genommen
du hättest genommen
er hätte genommen
wir hätten genommen
ihr hättet genommen
sie hätten genommen

Futur II
ich werde genommen haben
du werdest genommen haben
er werde genommen haben
wir werden genommen haben
ihr werdet genommen haben
sie werden genommen haben

Infinitiv
Perfekt
genommen haben

Partizip
Partizip I
nehmend
Partizip II
genommen

Imperativ
nimm
nehmen wir
nehmt
nehmen Sie

Anwendungsbeispiele

Er **nahm** den Stift und fing an zu schreiben. *Er ergriff den Stift und fing an zu schreiben.*

Ich **habe** drei Wochen Urlaub **genommen**. *Ich habe drei Wochen Urlaub beantragt und bekommen.*

Zum Backen **nehmen** wir nur Vollkornmehl. *Zum Backen benutzen wir nur Vollkornmehl.*

Nehmen Sie die Tabletten 3x täglich. *Schlucken Sie die Tabletten 3x täglich.*

Nehmen wir mal das Mittelalter. *Stellen wir uns mal das Mittelalter vor.*

 Redewendungen

es nicht so genau nehmen *nicht sehr auf die Einhaltung von etw. achten*

auf sich nehmen *Verantwortung für etwas Belastendes, Gefährliches übernehmen*

Abschied nehmen *sich verabschieden*

 Ähnliche Verben

sich bedienen mit	abnehmen
schlucken	benehmen
erbeuten	einnehmen
benutzen	entnehmen
herausholen	teilnehmen
beurteilen	unternehmen
sich vorstellen	vornehmen
ergreifen	zunehmen

 Aufgepasst!

Beim Verb nehmen kommt es zu einem Stammvokalwechsel von -e zu -i. Dieser findet sich grundsätzlich bei allen Verben mit Stammvokalwechsel im Präsens Indikativ nur bei der 2. und 3. Person Singular. Die Endungen sind regelmäßig. Da es im Deutschen nach einem kurzen Stammvokal (**ni**mmt) zu einer Konsonantendopplung kommt, schreibt man -mm. Das gilt auch für das Partizip II.

 Tipps & Tricks

Alle Verben, die sich durch Anhängen von Präfixen mit dem Verb **nehmen** bilden lassen, folgen dem gleichen Konjugationsmuster. Dies gilt für alle Verben mit trennbaren und nicht trennbaren Präfixen.

(6) aufhören

Indikativ

Präsens

ich	höre	auf
du	hörst	auf
er	hört	auf
wir	hören	auf
ihr	hört	auf
sie	hören	auf

Perfekt

ich	habe	aufgehört
du	hast	aufgehört
er	hat	aufgehört
wir	haben	aufgehört
ihr	habt	aufgehört
sie	haben	aufgehört

Futur I

ich	werde	aufhören
du	wirst	aufhören
er	wird	aufhören
wir	werden	aufhören
ihr	werdet	aufhören
sie	werden	aufhören

Präteritum

ich	hörte	auf
du	hörtest	auf
er	hörte	auf
wir	hörten	auf
ihr	hörtet	auf
sie	hörten	auf

Plusquamperfekt

ich	hatte	aufgehört
du	hattest	aufgehört
er	hatte	aufgehört
wir	hatten	aufgehört
ihr	hattet	aufgehört
sie	hatten	aufgehört

Futur II

ich	werde	aufgehört	haben
du	wirst	aufgehört	haben
er	wird	aufgehört	haben
wir	werden	aufgehört	haben
ihr	werdet	aufgehört	haben
sie	werden	aufgehört	haben

Konjunktiv

Konjunktiv I

ich	höre	auf
du	hörest	auf
er	höre	auf
wir	hören	auf
ihr	höret	auf
sie	hören	auf

Perfekt

ich	habe	aufgehört
du	habest	aufgehört
er	habe	aufgehört
wir	haben	aufgehört
ihr	habet	aufgehört
sie	haben	aufgehört

Futur I

ich	werde	aufhören
du	werdest	aufhören
er	werde	aufhören
wir	werden	aufhören
ihr	werdet	aufhören
sie	werden	aufhören

Konjunktiv II

ich	hörte	auf
du	hörtest	auf
er	hörte	auf
wir	hörten	auf
ihr	hörtet	auf
sie	hörten	auf

Plusquamperfekt

ich	hätte	aufgehört
du	hättest	aufgehört
er	hätte	aufgehört
wir	hätten	aufgehört
ihr	hättet	aufgehört
sie	hätten	aufgehört

Futur II

ich	werde	aufgehört	haben
du	werdest	aufgehört	haben
er	werde	aufgehört	haben
wir	werden	aufgehört	haben
ihr	werdet	aufgehört	haben
sie	werden	aufgehört	haben

Infinitiv

Perfekt

aufgehört haben

Partizip

Partizip I

aufhörend

Partizip II

aufgehört

Imperativ

hör auf
hören wir auf
hört auf
hören Sie auf

Anwendungsbeispiele

Ich **habe aufgehört** zu rauchen. *Ich habe das Rauchen aufgegeben.*
Es **hörte auf** zu regnen. *Der Regen legte sich.*
Das Moorgebiet **hört** hier **auf**. *Das Moorgebiet endet hier.*
Hör mit dem Trinken **auf**! *Stell das Trinken ein!*
Erst gegen drei Uhr morgens **hörte** die Party **auf**. *Erst gegen drei Uhr morgens klang die Party aus.*

 Sprichwörter

Die Kirche ist erst aus, wenn man aufhört zu singen. *Der Ausgang einer Angelegenheit ist bis zu ihrem Ende offen.*
Wenn es am besten schmeckt, soll man aufhören. *Man sollte nicht übermäßig viel auf einmal essen.*

 Ähnliche Verben

abbrechen
ausklingen
auslaufen
aussetzen
(be)enden
(ab)schließen
vergehen
aufgeben
einstellen

 Aufgepasst!

Bei den Verben mit trennbarem Präfix steht das Präfix bei den nicht zusammengesetzten Zeiten im Satz meist am Ende: **Der Regen hörte erst nach drei Tagen auf.**
Beim Partizip II steht zuerst das Präfix des Verbs und dann das Präfix ge-, mit dem das Partizip II der meisten Verben gebildet wird: auf + **ge** + hört → **aufge**hört.

(7) sich ausruhen

Musterkonjugation;
Reflexivpronomen im Akkusativ

Indikativ

Präsens

ich	ruhe	mich	aus
du	ruhst	dich	aus
er	ruht	sich	aus
wir	ruhen	uns	aus
ihr	ruht	euch	aus
sie	ruhen	sich	aus

Perfekt

ich	habe	mich	ausgeruht
du	hast	dich	ausgeruht
er	hat	sich	ausgeruht
wir	haben	uns	ausgeruht
ihr	habt	euch	ausgeruht
sie	haben	sich	ausgeruht

Futur I

ich	werde	mich	ausruhen
du	wirst	dich	ausruhen
er	wird	sich	ausruhen
wir	werden	uns	ausruhen
ihr	werdet	euch	ausruhen
sie	werden	sich	ausruhen

Präteritum

ich	ruhte	mich	aus
du	ruhtest	dich	aus
er	ruhte	sich	aus
wir	ruhten	uns	aus
ihr	ruhtet	euch	aus
sie	ruhten	sich	aus

Plusquamperfekt

ich	hatte	mich	ausgeruht
du	hattest	dich	ausgeruht
er	hatte	sich	ausgeruht
wir	hatten	uns	ausgeruht
ihr	hattet	euch	ausgeruht
sie	hatten	sich	ausgeruht

Futur II

ich	werde	mich	ausgeruht	haben
du	wirst	dich	ausgeruht	haben
er	wird	sich	ausgeruht	haben
wir	werden	uns	ausgeruht	haben
ihr	werdet	euch	ausgeruht	haben
sie	werden	sich	ausgeruht	haben

Konjunktiv

Konjunktiv I

ich	ruhe	mich	aus
du	ruhest	dich	aus
er	ruhe	sich	aus
wir	ruhen	uns	aus
ihr	ruhet	euch	aus
sie	ruhen	sich	aus

Perfekt

ich	habe	mich	ausgeruht
du	habest	dich	ausgeruht
er	habe	sich	ausgeruht
wir	haben	uns	ausgeruht
ihr	habet	euch	ausgeruht
sie	haben	sich	ausgeruht

Futur I

ich	werde	mich	ausruhen
du	werdest	dich	ausruhen
er	werde	sich	ausruhen
wir	werden	uns	ausruhen
ihr	werdet	euch	ausruhen
sie	werden	sich	ausruhen

Konjunktiv II

ich	ruhte	mich	aus
du	ruhtest	dich	aus
er	ruhte	sich	aus
wir	ruhten	uns	aus
ihr	ruhtet	euch	aus
sie	ruhten	sich	aus

Plusquamperfekt

ich	hätte	mich	ausgeruht
du	hättest	dich	ausgeruht
er	hätte	sich	ausgeruht
wir	hätten	uns	ausgeruht
ihr	hättet	euch	ausgeruht
sie	hätten	sich	ausgeruht

Futur II

ich	werde	mich	ausgeruht	haben
du	werdest	dich	ausgeruht	haben
er	werde	sich	ausgeruht	haben
wir	werden	uns	ausgeruht	haben
ihr	werdet	euch	ausgeruht	haben
sie	werden	sich	ausgeruht	haben

Infinitiv

Perfekt

sich ausgeruht haben

Partizip

Partizip I

sich ausruhend

Partizip II

sich ausgeruht

Imperativ

ruh dich aus
ruhen wir uns aus
ruht euch aus
ruhen Sie sich aus

Anwendungsbeispiele

Nach der Arbeit muss ich **mich** erst mal **ausruhen**. *Nach der Arbeit muss ich mich erst mal erholen.*
Ruh dich einen Moment **aus**. *Verschnauf einen Moment.*
Sie **ruhte sich** kurz in der Hängematte **aus**. *Sie entspannte sich kurz in der Hängematte.*

 Redewendungen

sich auf seinen Lorbeeren ausruhen *sich nach sehr guter Leistung nicht mehr weiter anstrengen*

 Ähnliche Verben

abschalten
ausschlafen
aussetzen
faulenzen
rasten
sich entspannen
sich erholen
relaxen
verschnaufen

 Gebrauch

Das Verb sich ausruhen gehört zu den Verben, die fest von einem Reflexivpronomen im Akkusativ begleitet werden. Die Reflexivpronomen im Akkusativ entsprechen den Personalpronomen im Akkusativ, nur in der 3. Person Singular und Plural steht **sich**.
Außerdem gibt es Verben, die sowohl reflexiv als auch nicht reflexiv und mit einer Akkusativergänzung gebraucht werden, so etwa das Verb **anmelden**:
Ich muss **mich** für den Kurs anmelden.
Ich muss **meine Tochter** für den Kurs anmelden.

 Tipps & Tricks

Ein Verb, das im Deutschen reflexiv ist, ist es in anderen Sprachen, in denen es auch reflexive Verben gibt, oft nicht. Lernen Sie deshalb die Verben immer mit dem Reflexivpronomen zusammen, möglichst im ganzen Satz.

(8) sich aneignen

Musterkonjugation;
Reflexivpronomen im Dativ

Indikativ

Präsens

ich	eigne	mir	an
du	eignest	dir	an
er	eignet	sich	an
wir	eignen	uns	an
ihr	eignet	euch	an
sie	eignen	sich	an

Perfekt

ich	habe	mir	angeeignet
du	hast	dir	angeeignet
er	hat	sich	angeeignet
wir	haben	uns	angeeignet
ihr	habt	euch	angeeignet
sie	haben	sich	angeeignet

Futur I

ich	werde	mir	aneignen
du	wirst	dir	aneignen
er	wird	sich	aneignen
wir	werden	uns	aneignen
ihr	werdet	euch	aneignen
sie	werden	sich	aneignen

Präteritum

ich	eignete	mir	an
du	eignetest	dir	an
er	eignete	sich	an
wir	eigneten	uns	an
ihr	eignetet	euch	an
sie	eigneten	sich	an

Plusquamperfekt

ich	hatte	mir	angeeignet
du	hattest	dir	angeeignet
er	hatte	sich	angeeignet
wir	hatten	uns	angeeignet
ihr	hattet	euch	angeeignet
sie	hatten	sich	angeeignet

Futur II

ich	werde	mir	angeeignet	haben
du	wirst	dir	angeeignet	haben
er	wird	sich	angeeignet	haben
wir	werden	uns	angeeignet	haben
ihr	werdet	euch	angeeignet	haben
sie	werden	sich	angeeignet	haben

Konjunktiv

Konjunktiv I

ich	eigne	mir	an
du	eignest	dir	an
er	eigne	sich	an
wir	eignen	uns	an
ihr	eignet	euch	an
sie	eignen	sich	an

Perfekt

ich	habe	mir	angeeignet
du	habest	dir	angeeignet
er	habe	sich	angeeignet
wir	haben	uns	angeeignet
ihr	habet	euch	angeeignet
sie	haben	sich	angeeignet

Futur I

ich	werde	mir	aneignen
du	werdest	dir	aneignen
er	werde	sich	aneignen
wir	werden	uns	aneignen
ihr	werdet	euch	aneignen
sie	werden	sich	aneignen

Konjunktiv II

ich	eignete	mir	an
du	eignetest	dir	an
er	eignete	sich	an
wir	eigneten	uns	an
ihr	eignetet	euch	an
sie	eigneten	sich	an

Plusquamperfekt

ich	hätte	mir	angeeignet
du	hättest	dir	angeeignet
er	hätte	sich	angeeignet
wir	hätten	uns	angeeignet
ihr	hättet	euch	angeeignet
sie	hätten	sich	angeeignet

Futur II

ich	werde	mir	angeeignet	haben
du	werdest	dir	angeeignet	haben
er	werde	sich	angeeignet	haben
wir	werden	uns	angeeignet	haben
ihr	werdet	euch	angeeignet	haben
sie	werden	sich	angeeignet	haben

Infinitiv

Perfekt

sich angeeignet haben

Partizip

Partizip I

sich aneignend

Partizip II

sich angeeignet

Imperativ

eigne dir an
eignen wir uns an
eignet euch an
eignen Sie sich an

Anwendungsbeispiele

Die Schüler müssen **sich** sehr viel Wissen in kürzester Zeit **aneignen**. *Die Schüler müssen sich sehr viel Wissen in kürzester Zeit erarbeiten.*

Am besten **eignest** du **dir** die hiesigen Gepflogenheiten schnell **an**. *Am besten prägst du dir die hiesigen Gepflogenheiten schnell ein.*

Ihr **habt euch** einfach die CDs aus der Musikbibliothek **angeeignet**? *Ihr habt einfach die CDs aus der Musikbibliothek eingesteckt?*

 Redewendungen

sich einen guten Stil aneignen *sich gute Manieren antrainieren*
sich gutes Benehmen aneignen *gutes Betragen erlernen*

 Ähnliche Verben

sich antrainieren
sich erarbeiten
erlernen
einüben
erwerben
sich einprägen
sich üben in
sich bemächtigen
an sich nehmen
einstecken
erbeuten
wegnehmen
einsacken (umgs.)

 Gebrauch

Das Verb sich aneignen gehört zu den Verben, die fest mit einem Reflexivpronomen im Dativ verbunden sind und zusätzlich noch eine Akkusativergänzung erfordern. Ebenso verhält es sich bei sich antrainieren, sich erarbeiten, sich einprägen.

⑨ gebraucht werden

Indikativ

Präsens

ich	werde	gebraucht
du	wirst	gebraucht
er	wird	gebraucht
wir	werden	gebraucht
ihr	werdet	gebraucht
sie	werden	gebraucht

Perfekt

ich	bin	gebraucht	worden
du	bist	gebraucht	worden
er	ist	gebraucht	worden
wir	sind	gebraucht	worden
ihr	seid	gebraucht	worden
sie	sind	gebraucht	worden

Futur I

ich	werde	gebraucht	werden
du	wirst	gebraucht	werden
er	wird	gebraucht	werden
wir	werden	gebraucht	werden
ihr	werdet	gebraucht	werden
sie	werden	gebraucht	werden

Präteritum

ich	wurde	gebraucht
du	wurdest	gebraucht
er	wurde	gebraucht
wir	wurden	gebraucht
ihr	wurdet	gebraucht
sie	wurden	gebraucht

Plusquamperfekt

ich	war	gebraucht	worden
du	warst	gebraucht	worden
er	war	gebraucht	worden
wir	waren	gebraucht	worden
ihr	wart	gebraucht	worden
sie	waren	gebraucht	worden

Futur II

ich	werde	gebraucht	worden	sein
du	wirst	gebraucht	worden	sein
er	wird	gebraucht	worden	sein
wir	werden	gebraucht	worden	sein
ihr	werdet	gebraucht	worden	sein
sie	werden	gebraucht	worden	sein

Konjunktiv

Konjunktiv I

ich	werde	gebraucht
du	werdest	gebraucht
er	werde	gebraucht
wir	werden	gebraucht
ihr	werdet	gebraucht
sie	werden	gebraucht

Perfekt

ich	sei	gebraucht	worden
du	sei(e)st	gebraucht	worden
er	sei	gebraucht	worden
wir	seien	gebraucht	worden
ihr	sei(e)t	gebraucht	worden
sie	seien	gebraucht	worden

Futur I

ich	werde	gebraucht	werden
du	werdest	gebraucht	werden
er	werde	gebraucht	werden
wir	werden	gebraucht	werden
ihr	werdet	gebraucht	werden
sie	werden	gebraucht	werden

Konjunktiv II

ich	würde	gebraucht
du	würdest	gebraucht
er	würde	gebraucht
wir	würden	gebraucht
ihr	würdet	gebraucht
sie	würden	gebraucht

Plusquamperfekt

ich	wäre	gebraucht	worden
du	wärest	gebraucht	worden
er	wäre	gebraucht	worden
wir	wären	gebraucht	worden
ihr	wäret	gebraucht	worden
sie	wären	gebraucht	worden

Futur II

ich	werde	gebraucht	worden	sein
du	werdest	gebraucht	worden	sein
er	werde	gebraucht	worden	sein
wir	werden	gebraucht	worden	sein
ihr	werdet	gebraucht	worden	sein
sie	werden	gebraucht	worden	sein

Infinitiv

Perfekt

gebraucht worden sein

Partizip

Partizip I

gebraucht werdend

Partizip II

gebraucht worden

Imperativ

–

–

–

–

Anwendungsbeispiele

Für die Organisation des Festes **werden** viele Helfer **gebraucht**. *Für die Organisation des Festes werden viele Helfer benötigt.*
Wie **wurde** dieser Ausdruck ursprünglich **gebraucht**? *Wie wurde dieser Ausdruck ursprünglich verwendet?*
Mit den Kindern **wird** viel Geduld **gebraucht**. *Mit den Kindern ist viel Geduld erforderlich.*

 Redewendungen

aus Sicherheitsgründen gebraucht werden *zur Sicherheit benutzt werden*
eine feste Hand brauchen *strenge Führung benötigen*
lange zu etw. brauchen *viel Zeit für etw. benötigen*

 Ähnliche Verben

benötigt werden   aufgebraucht werden
ausgenutzt werden   verbraucht werden
benutzt werden
verwendet werden
gehandhabt werden

 Gebrauch

Das Vorgangspassiv wird im Deutschen mit dem Hilfsverb werden und dem Partizip II gebildet. Im Perfekt und Plusquamperfekt wird jedoch das Hilfsverb sein verwendet und nach dem Partizip II steht worden.
Das Geschirr **ist** nie wieder gebraucht **worden**.
Das Vorgangspassiv von den meisten Verben kann mit einer Akkusativergänzung (transitive Verben) gebildet werden.

Das Passiv wird im Deutschen sowohl in der mündlichen als auch in der schriftlichen Sprache verwendet, ist aber in der Schriftsprache gebräuchlicher (▷ Grammatik rund ums Verb, ⑦).

geschlagen sein

Musterkonjugation;
Zustandspassiv

Indikativ

Präsens		Perfekt		Futur I	
ich **bin**	geschlagen	ich **bin**	geschlagen **gewesen**	ich **werde**	geschlagen sein
du **bist**	geschlagen	du **bist**	geschlagen **gewesen**	du **wirst**	geschlagen sein
er **ist**	geschlagen	er **ist**	geschlagen **gewesen**	er **wird**	geschlagen sein
wir **sind**	geschlagen	wir **sind**	geschlagen **gewesen**	wir **werden**	geschlagen sein
ihr **seid**	geschlagen	ihr **seid**	geschlagen **gewesen**	ihr **werdet**	geschlagen sein
sie **sind**	geschlagen	sie **sind**	geschlagen **gewesen**	sie **werden**	geschlagen sein

Präteritum		Plusquamperfekt		Futur II	
ich **war**	geschlagen	ich **war**	geschlagen **gewesen**	ich **werde**	geschlagen **gewesen** sein
du **warst**	geschlagen	du **warst**	geschlagen **gewesen**	du **wirst**	geschlagen **gewesen** sein
er **war**	geschlagen	er **war**	geschlagen **gewesen**	er **wird**	geschlagen **gewesen** sein
wir **waren**	geschlagen	wir **waren**	geschlagen **gewesen**	wir **werden**	geschlagen **gewesen** sein
ihr **wart**	geschlagen	ihr **wart**	geschlagen **gewesen**	ihr **werdet**	geschlagen **gewesen** sein
sie **waren**	geschlagen	sie **waren**	geschlagen **gewesen**	sie **werden**	geschlagen **gewesen** sein

Konjunktiv

Konjunktiv I		Perfekt		Futur I	
ich **sei**	geschlagen	ich **sei**	geschlagen **gewesen**	ich **werde**	geschlagen sein
du **sei(e)st**	geschlagen	du **sei(e)st**	geschlagen **gewesen**	du **werdest**	geschlagen sein
er **sei**	geschlagen	er **sei**	geschlagen **gewesen**	er **werde**	geschlagen sein
wir **seien**	geschlagen	wir **seien**	geschlagen **gewesen**	wir **werden**	geschlagen sein
ihr **sei(e)t**	geschlagen	ihr **sei(e)t**	geschlagen **gewesen**	ihr **werdet**	geschlagen sein
sie **seien**	geschlagen	sie **seien**	geschlagen **gewesen**	sie **werden**	geschlagen sein

Konjunktiv II		Plusquamperfekt		Futur II	
ich **wäre**	geschlagen	ich **wäre**	geschlagen **gewesen**	ich **werde**	geschlagen **gewesen** sein
du **wär(e)st**	geschlagen	du **wär(e)st**	geschlagen **gewesen**	du **werdest**	geschlagen **gewesen** sein
er **wäre**	geschlagen	er **wäre**	geschlagen **gewesen**	er **werde**	geschlagen **gewesen** sein
wir **wären**	geschlagen	wir **wären**	geschlagen **gewesen**	wir **werden**	geschlagen **gewesen** sein
ihr **wär(e)t**	geschlagen	ihr **wär(e)t**	geschlagen **gewesen**	ihr **werdet**	geschlagen **gewesen** sein
sie **wären**	geschlagen	sie **wären**	geschlagen **gewesen**	sie **werden**	geschlagen **gewesen** sein

Infinitiv

Perfekt

geschlagen **gewesen** sein

Partizip

Partizip I

geschlagen **seiend**

Partizip II

geschlagen **gewesen**

Imperativ

sei geschlagen

seien wir geschlagen

seid geschlagen

seien Sie geschlagen

Anwendungsbeispiele

Die Bäume **sind geschlagen** und zum Abtransport bereit. *Die Bäume sind gefällt und zum Abtransport bereit.*
Der Nagel **ist** schon in die Wand **geschlagen**. *Der Nagel ist schon in die Wand gehauen.*
Der Weltmeister **ist geschlagen**! *Der Weltmeister ist bezwungen!*
Die Feinde **waren geschlagen** und ihr Anführer tot. *Die Feinde waren besiegt und ihr Anführer tot.*

 Redewendungen

mit etw. geschlagen sein *an etw. leiden*
mit Blindheit geschlagen sein *etw. Wichtiges übersehen*

 Ähnliche Verben

gehauen sein	angeschlagen sein
gefällt sein	ausgeschlagen sein
besiegt sein	beschlagen sein
bezwungen sein	eingeschlagen sein
überrollt sein	umgeschlagen sein
überwältigt sein	verschlagen sein
übertrumpft sein	zerschlagen sein
übermannt sein	
erledigt sein	

 Gebrauch

Das Zustandspassiv wird im Deutschen mit dem Hilfsverb sein und dem Partizip II gebildet. Beim Zustandspassiv sind die meisten Zeitformen kaum noch gebräuchlich. Meist wird das Präsens oder Präteritum verwendet.
Das Zustandspassiv wird verwendet, wenn man den Zustand nach einem vorangegangenen Vorgang beschreiben will. Der Vorgang selbst ist nicht mehr wichtig, sondern das Resultat. Deshalb wird der Täter meist nicht genannt.

(11) beginnen

Stammvokalwechsel i → a → o

Indikativ

Präsens

ich	beginne
du	beginnst
er	beginnt
wir	beginnen
ihr	beginnt
sie	beginnen

Perfekt

ich	habe	begonnen
du	hast	begonnen
er	hat	begonnen
wir	haben	begonnen
ihr	habt	begonnen
sie	haben	begonnen

Futur I

ich	werde	beginnen
du	wirst	beginnen
er	wird	beginnen
wir	werden	beginnen
ihr	werdet	beginnen
sie	werden	beginnen

Präteritum

ich	begann
du	begannst
er	begann
wir	begannen
ihr	begannt
sie	begannen

Plusquamperfekt

ich	hatte	begonnen
du	hattest	begonnen
er	hatte	begonnen
wir	hatten	begonnen
ihr	hattet	begonnen
sie	hatten	begonnen

Futur II

ich	werde	begonnen	haben
du	wirst	begonnen	haben
er	wird	begonnen	haben
wir	werden	begonnen	haben
ihr	werdet	begonnen	haben
sie	werden	begonnen	haben

Konjunktiv

Konjunktiv I

ich	beginne
du	beginnest
er	beginne
wir	beginnen
ihr	beginnet
sie	beginnen

Perfekt

ich	habe	begonnen
du	habest	begonnen
er	habe	begonnen
wir	haben	begonnen
ihr	habet	begonnen
sie	haben	begonnen

Futur I

ich	werde	beginnen
du	werdest	beginnen
er	werde	beginnen
wir	werden	beginnen
ihr	werdet	beginnen
sie	werden	beginnen

Konjunktiv II

ich	begänne
du	begännest
er	begänne
wir	begännen
ihr	begännet
sie	begännen

Plusquamperfekt

ich	hätte	begonnen
du	hättest	begonnen
er	hätte	begonnen
wir	hätten	begonnen
ihr	hättet	begonnen
sie	hätten	begonnen

Futur II

ich	werde	begonnen	haben
du	werdest	begonnen	haben
er	werde	begonnen	haben
wir	werden	begonnen	haben
ihr	werdet	begonnen	haben
sie	werden	begonnen	haben

Infinitiv

Perfekt

begonnen haben

Partizip

Partizip I

beginnend

Partizip II

begonnen

Imperativ

beginn(e)
beginnen wir
beginnt
beginnen Sie

Anwendungsbeispiele

Das Fußballspiel **beginnt** um 20 Uhr. *Das Fußballspiel startet um 20 Uhr.*
Er **beginnt** das Essen zu kochen. *Er fängt an das Essen zu kochen.*
Eine neue Zeit **beginnt**. *Eine neue Zeit bricht an.*
Die Geiger **beginnen** zu spielen. *Die Geiger setzen ein.*
Der Krieg zwischen den Volksgruppen **hat begonnen**. *Der Krieg zwischen den Volksgruppen ist ausgebrochen.*
Hinter dem Fluss **beginnt** das Naturschutzgebiet. *Hinter dem Fluss kommt das Naturschutzgebiet.*

 Witz

Herr Meier: „Warum beginnen Sie das Witzbuch von hinten zu lesen?"
Herr Schmidt: „Ganz einfach: Wer zuletzt lacht, lacht am besten!"

 Ähnliche Verben

anfangen
anbrechen
anlaufen
anpacken
ausbrechen
einsetzen
kommen
starten

 Aufgepasst!

Das Verb beginnen gehört zu den Verben mit nicht trennbaren Präfixen. Verben mit dem Präfix be- bilden das Partizip II ohne ge-!
Dies gilt auch für die nicht trennbaren Präfixe: emp-, er-, ent-, ge-, miss-, ver-, zer- etc.
In seltenen Fällen werden im Konjunktiv II auch die folgenden Formen verwendet: ich begönne, du begönnest etc.

 Tipps & Tricks

Folgende Verben werden wie beginnen konjugiert: gewinnen, spinnen und sinnen. Lernen Sie Verben mit dem gleichen Konjugationsmuster am besten zusammen.

(12) beißen

Stammvokalwechsel ei → i → i

Indikativ

Präsens		Perfekt			Futur I		
ich	beiße	ich	habe	gebissen	ich	werde	beißen
du	beißt	du	hast	gebissen	du	wirst	beißen
er	beißt	er	hat	gebissen	er	wird	beißen
wir	beißen	wir	haben	gebissen	wir	werden	beißen
ihr	beißt	ihr	habt	gebissen	ihr	werdet	beißen
sie	beißen	sie	haben	gebissen	sie	werden	beißen

Präteritum		Plusquamperfekt			Futur II			
ich	biss	ich	hatte	gebissen	ich	werde	gebissen	haben
du	bissest	du	hattest	gebissen	du	wirst	gebissen	haben
er	biss	er	hatte	gebissen	er	wird	gebissen	haben
wir	bissen	wir	hatten	gebissen	wir	werden	gebissen	haben
ihr	biss(e)t	ihr	hattet	gebissen	ihr	werdet	gebissen	haben
sie	bissen	sie	hatten	gebissen	sie	werden	gebissen	haben

Konjunktiv

Konjunktiv I		Perfekt			Futur I		
ich	beiße	ich	habe	gebissen	ich	werde	beißen
du	beißest	du	habest	gebissen	du	werdest	beißen
er	beiße	er	habe	gebissen	er	werde	beißen
wir	beißen	wir	haben	gebissen	wir	werden	beißen
ihr	beißet	ihr	habet	gebissen	ihr	werdet	beißen
sie	beißen	sie	haben	gebissen	sie	werden	beißen

Konjunktiv II		Plusquamperfekt			Futur II			
ich	bisse	ich	hätte	gebissen	ich	werde	gebissen	haben
du	bissest	du	hättest	gebissen	du	werdest	gebissen	haben
er	bisse	er	hätte	gebissen	er	werde	gebissen	haben
wir	bissen	wir	hätten	gebissen	wir	werden	gebissen	haben
ihr	bisset	ihr	hättet	gebissen	ihr	werdet	gebissen	haben
sie	bissen	sie	hätten	gebissen	sie	werden	gebissen	haben

Infinitiv

Perfekt

gebissen haben

Partizip

Partizip I

beißend

Partizip II

gebissen

Imperativ

beiß(e)

beißen wir

beißt

beißen Sie

Anwendungsbeispiele

Die alte Dame kann das harte Brot nicht mehr **beißen**. *Die alte Dame kann das harte Brot nicht mehr kauen.*

Der Hund **beißt** dem Briefträger ins Bein. *Der Hund packt den Briefträger mit den Zähnen.*

Das Gas **beißt** in den Augen. *Das Gas brennt in den Augen.*

Das rote T-Shirt **beißt sich mit** der rosa Hose. *Das rote T-Shirt passt nicht zu der rosa Hose.*

Während des Krieges hatten die Menschen **nichts zu beißen**. *Während des Krieges hatten die Menschen nichts zu essen.*

Ich **habe** mir **auf** die Zunge **gebissen**! *Ich habe meine Zunge mit den Zähnen verletzt.*

 Redewendungen

in den sauren Apfel beißen *etw. Unangenehmes zwangsläufig tun*
ins Gras beißen *sterben*
auf Granit beißen *auf starken Widerstand stoßen*
sich auf die Zunge beißen *sich zwingen, etw. nicht zu äußern*

 Ähnliche Verben

brennen	abbeißen
jucken	anbeißen
kauen	zerbeißen
knabbern	zubeißen

 Aufgepasst!

Da man im Deutschen nach einem langen Vokal oder Doppelvokal (**bei**ßen) -ß schreibt, nach einem kurzen Vokal (**bi**ss) aber -ss, kommt es im Präteritum, Konjunktiv II und Partizip II zu dem Konsonantenwechsel -ß zu -ss. Achten Sie auch auf das eingeschobene -e in der 2. Person Singular Präteritum (▷ Grammatik rund ums Verb, 1.1.1).

13 bitten

Stammvokalwechsel i → a → e

Indikativ

Präsens
ich	bitte
du	bittest
er	bittet
wir	bitten
ihr	bittet
sie	bitten

Perfekt
ich	habe	gebeten
du	hast	gebeten
er	hat	gebeten
wir	haben	gebeten
ihr	habt	gebeten
sie	haben	gebeten

Futur I
ich	werde	bitten
du	wirst	bitten
er	wird	bitten
wir	werden	bitten
ihr	werdet	bitten
sie	werden	bitten

Präteritum
ich	bat
du	batest
er	bat
wir	baten
ihr	batet
sie	baten

Plusquamperfekt
ich	hatte	gebeten
du	hattest	gebeten
er	hatte	gebeten
wir	hatten	gebeten
ihr	hattet	gebeten
sie	hatten	gebeten

Futur II
ich	werde	gebeten	haben
du	wirst	gebeten	haben
er	wird	gebeten	haben
wir	werden	gebeten	haben
ihr	werdet	gebeten	haben
sie	werden	gebeten	haben

Konjunktiv

Konjunktiv I
ich	bitte
du	bittest
er	bitte
wir	bitten
ihr	bittet
sie	bitten

Perfekt
ich	habe	gebeten
du	habest	gebeten
er	habe	gebeten
wir	haben	gebeten
ihr	habet	gebeten
sie	haben	gebeten

Futur I
ich	werde	bitten
du	werdest	bitten
er	werde	bitten
wir	werden	bitten
ihr	werdet	bitten
sie	werden	bitten

Konjunktiv II
ich	bäte
du	bätest
er	bäte
wir	bäten
ihr	bätet
sie	bäten

Plusquamperfekt
ich	hätte	gebeten
du	hättest	gebeten
er	hätte	gebeten
wir	hätten	gebeten
ihr	hättet	gebeten
sie	hätten	gebeten

Futur II
ich	werde	gebeten	haben
du	werdest	gebeten	haben
er	werde	gebeten	haben
wir	werden	gebeten	haben
ihr	werdet	gebeten	haben
sie	werden	gebeten	haben

Infinitiv
Perfekt
gebeten haben

Partizip
Partizip I
bittend
Partizip II
gebeten

Imperativ
bitte
bitten wir
bittet
bitten Sie

Anwendungsbeispiele

Sie **bittet** ihn, das Auto in die Werkstatt zu bringen. *Sie fordert ihn auf, das Auto in die Werkstatt zu bringen.*
Er **bittet** seine Schwester **um** einen Gefallen. *Er ersucht seine Schwester um einen Gefallen.*
Die Gastgeberin **bittet** ihre Gäste in den Saal. *Die Gastgeberin lädt ihre Gäste in den Saal ein.*
Ich **bitte** dich: Tu das nicht! *Ich beschwöre dich: Tu das nicht!*

 Redewendungen

bitten und betteln *sehr intensiv flehen*
um die Hand der Tochter bitten *die Eltern ersuchen, ihre Tochter heiraten zu dürfen*
zur Kasse bitten *von jmdm. Geld verlangen*
ums Wort bitten *einen Redebeitrag leisten wollen*

 Ähnliche Verben

(an)flehen	erbitten
auffordern	verbitten
bedrängen	
beschwören	
betteln	
drängen	
ersuchen	
einladen	
zu sich rufen	

 Aufgepasst!

Da sich der Stammvokal im Präteritum, Konjunktiv II und Partizip II von einem kurzem Vokal (**bi**tten) zu einem langen Vokal (**ba**t, ge**be**ten) ändert, entfällt ein -t. Im Deutschen steht normalerweise nach einem langen Vokal kein Doppelkonsonant.

(14) bleiben

Stammvokalwechsel ei → ie → ie

Indikativ

Präsens		Perfekt			Futur I		
ich	bleibe	ich	bin	geblieben	ich	werde	bleiben
du	bleibst	du	bist	geblieben	du	wirst	bleiben
er	bleibt	er	ist	geblieben	er	wird	bleiben
wir	bleiben	wir	sind	geblieben	wir	werden	bleiben
ihr	bleibt	ihr	seid	geblieben	ihr	werdet	bleiben
sie	bleiben	sie	sind	geblieben	sie	werden	bleiben

Präteritum		Plusquamperfekt			Futur II			
ich	blieb	ich	war	geblieben	ich	werde	geblieben	sein
du	bliebst	du	warst	geblieben	du	wirst	geblieben	sein
er	blieb	er	war	geblieben	er	wird	geblieben	sein
wir	blieben	wir	waren	geblieben	wir	werden	geblieben	sein
ihr	bliebt	ihr	wart	geblieben	ihr	werdet	geblieben	sein
sie	blieben	sie	waren	geblieben	sie	werden	geblieben	sein

Konjunktiv

Konjunktiv I		Perfekt			Futur I		
ich	bleibe	ich	sei	geblieben	ich	werde	bleiben
du	bleibest	du	sei(e)st	geblieben	du	werdest	bleiben
er	bleibe	er	sei	geblieben	er	werde	bleiben
wir	bleiben	wir	seien	geblieben	wir	werden	bleiben
ihr	bleibet	ihr	sei(e)t	geblieben	ihr	werdet	bleiben
sie	bleiben	sie	seien	geblieben	sie	werden	bleiben

Konjunktiv II		Plusquamperfekt			Futur II			
ich	bliebe	ich	wäre	geblieben	ich	werde	geblieben	sein
du	bliebest	du	wär(e)st	geblieben	du	werdest	geblieben	sein
er	bliebe	er	wäre	geblieben	er	werde	geblieben	sein
wir	blieben	wir	wären	geblieben	wir	werden	geblieben	sein
ihr	bliebet	ihr	wär(e)t	geblieben	ihr	werdet	geblieben	sein
sie	blieben	sie	wären	geblieben	sie	werden	geblieben	sein

Infinitiv

Perfekt

geblieben sein

Partizip

Partizip I

bleibend

Partizip II

geblieben

Imperativ

bleib(e)

bleiben wir

bleibt

bleiben Sie

Anwendungsbeispiele

Er ging, aber sie **blieb**. *Er ging, aber sie ging nicht mit.*

Ich **bleibe** noch ein paar Tage in Hamburg. *Ich verweile noch ein paar Tage in Hamburg.*

Er **bleibt bei** seiner Entscheidung. *Er hält an seiner Entscheidung fest.*

Jetzt **bleibt** uns nur noch eine Möglichkeit. *Jetzt ist nur noch eine Möglichkeit übrig.*

Bei schlechtem Wetter **bleibt** das Freibad geschlossen. *Bei schlechtem Wetter ist das Freibad weiterhin geschlossen.*

 Redewendungen

am Ball bleiben *aktiv weitermachen*

am Leben bleiben *nicht sterben*

außen vor bleiben *nicht berücksichtigt werden*

bei der Wahrheit bleiben *nicht lügen*

bei der Sache bleiben *sich nicht ablenken lassen*

im Dunkeln bleiben *nicht bekannt werden*

im Gedächtnis/in Erinnerung bleiben *nicht vergessen werden*

sitzen bleiben *das Schuljahr wiederholen müssen*

 Ähnliche Verben

sich aufhalten	abbleiben
verweilen	aufbleiben
übrig sein	ausbleiben
beharren auf	überbleiben
behaupten	unterbleiben
festhalten an	verbleiben

 Aufgepasst!

Das Verb bleiben braucht zur Bildung des Perfekts und Plusquamperfekts das Hilfsverb sein.

 Tipps & Tricks

Wie bleiben werden sich entscheiden, scheinen, schreiben, schweigen und steigen konjugiert sowie viele Verben, die durch Präfixe von diesen Verben abgeleitet sind.

⑮ brechen

Stammvokalwechsel e → a → o

Indikativ

Präsens		Perfekt			Futur I		
ich	breche	ich	habe	gebrochen	ich	werde	brechen
du	brichst	du	hast	gebrochen	du	wirst	brechen
er	bricht	er	hat	gebrochen	er	wird	brechen
wir	brechen	wir	haben	gebrochen	wir	werden	brechen
ihr	brecht	ihr	habt	gebrochen	ihr	werdet	brechen
sie	brechen	sie	haben	gebrochen	sie	werden	brechen

Präteritum		Plusquamperfekt			Futur II			
ich	brach	ich	hatte	gebrochen	ich	werde	gebrochen	haben
du	brachst	du	hattest	gebrochen	du	wirst	gebrochen	haben
er	brach	er	hatte	gebrochen	er	wird	gebrochen	haben
wir	brachen	wir	hatten	gebrochen	wir	werden	gebrochen	haben
ihr	bracht	ihr	hattet	gebrochen	ihr	werdet	gebrochen	haben
sie	brachen	sie	hatten	gebrochen	sie	werden	gebrochen	haben

Konjunktiv

Konjunktiv I		Perfekt			Futur I		
ich	breche	ich	habe	gebrochen	ich	werde	brechen
du	brechest	du	habest	gebrochen	du	werdest	brechen
er	breche	er	habe	gebrochen	er	werde	brechen
wir	brechen	wir	haben	gebrochen	wir	werden	brechen
ihr	brechet	ihr	habet	gebrochen	ihr	werdet	brechen
sie	brechen	sie	haben	gebrochen	sie	werden	brechen

Konjunktiv II		Plusquamperfekt			Futur II			
ich	bräche	ich	hätte	gebrochen	ich	werde	gebrochen	haben
du	brächest	du	hättest	gebrochen	du	werdest	gebrochen	haben
er	bräche	er	hätte	gebrochen	er	werde	gebrochen	haben
wir	brächen	wir	hätten	gebrochen	wir	werden	gebrochen	haben
ihr	brächet	ihr	hättet	gebrochen	ihr	werdet	gebrochen	haben
sie	brächen	sie	hätten	gebrochen	sie	werden	gebrochen	haben

Infinitiv

Perfekt

gebrochen haben

Partizip

Partizip I

brechend

Partizip II

gebrochen

Imperativ

brich

brechen wir

brecht

brechen Sie

Anwendungsbeispiele

Beim Aufprall **brach** das Flugzeug in zwei Teile. *Beim Aufprall barst das Flugzeug in zwei Teile.*

Sie **hat sich** bei einem Unfall den Unterarm mehrfach **gebrochen**. *Ihr Unterarmknochen zersplitterte bei einem Unfall in mehrere Teile.*

Das kranke Kind **bricht** in der Nacht. *Das kranke Kind übergibt sich in der Nacht.*

Er **hat** den Vertrag **gebrochen**. *Er hat sich nicht mehr an den Vertrag gehalten.*

Sie **brach** ihr Versprechen. *Sie hielt sich nicht an ihr Versprechen.*

 Redewendungen

sich Bahn brechen *sich durchsetzen*

das/sein Schweigen brechen *schließlich doch über etw. sprechen*

sein Wort brechen *ein gegebenes Versprechen nicht einhalten*

einen Rekord brechen *einen bestehenden Rekord übertreffen*

etw. vom Zaun brechen *etw. provozieren*

jmdm. das Herz brechen *jmdm. großen Kummer bereiten*

 Ähnliche Verben

in die Brüche gehen	aufbrechen
aufplatzen	anbrechen
zerstören	einbrechen
Schluss machen	erbrechen
sich übergeben	unterbrechen
knicken	verbrechen
entzweigehen	zerbrechen
bersten	

 Aufgepasst!

Achten Sie auf den Stammvokalwechsel im Präsens. Wie bei einigen anderen Verben mit dem Stammvokal -e wird dieser nur in der 2. und 3. Person Singular zu -i: ich br**e**che → du br**i**chst, er br**i**cht.

 Tipps & Tricks

Das Verb **brechen** hat viele Bedeutungen. Lernen Sie das Verb im Kontext und bilden Sie damit Sätze. Variieren Sie diese öfter. So prägen Sie sich die verschiedenen Bedeutungen besser ein.

16 bringen

Stammvokalwechsel i → a → a

Indikativ

Präsens		Perfekt			Futur I		
ich	bringe	ich	habe	gebracht	ich	werde	bringen
du	bringst	du	hast	gebracht	du	wirst	bringen
er	bringt	er	hat	gebracht	er	wird	bringen
wir	bringen	wir	haben	gebracht	wir	werden	bringen
ihr	bringt	ihr	habt	gebracht	ihr	werdet	bringen
sie	bringen	sie	haben	gebracht	sie	werden	bringen

Präteritum		Plusquamperfekt			Futur II			
ich	brachte	ich	hatte	gebracht	ich	werde	gebracht	haben
du	brachtest	du	hattest	gebracht	du	wirst	gebracht	haben
er	brachte	er	hatte	gebracht	er	wird	gebracht	haben
wir	brachten	wir	hatten	gebracht	wir	werden	gebracht	haben
ihr	brachtet	ihr	hattet	gebracht	ihr	werdet	gebracht	haben
sie	brachten	sie	hatten	gebracht	sie	werden	gebracht	haben

Konjunktiv

Konjunktiv I		Perfekt			Futur I		
ich	bringe	ich	habe	gebracht	ich	werde	bringen
du	bringest	du	habest	gebracht	du	werdest	bringen
er	bringe	er	habe	gebracht	er	werde	bringen
wir	bringen	wir	haben	gebracht	wir	werden	bringen
ihr	bringet	ihr	habet	gebracht	ihr	werdet	bringen
sie	bringen	sie	haben	gebracht	sie	werden	bringen

Konjunktiv II		Plusquamperfekt			Futur II			
ich	brächte	ich	hätte	gebracht	ich	werde	gebracht	haben
du	brächtest	du	hättest	gebracht	du	werdest	gebracht	haben
er	brächte	er	hätte	gebracht	er	werde	gebracht	haben
wir	brächten	wir	hätten	gebracht	wir	werden	gebracht	haben
ihr	brächtet	ihr	hättet	gebracht	ihr	werdet	gebracht	haben
sie	brächten	sie	hätten	gebracht	sie	werden	gebracht	haben

Infinitiv

Perfekt

gebracht haben

Partizip

Partizip I

bringend

Partizip II

gebracht

Imperativ

bring(e)

bringen wir

bringt

bringen Sie

Anwendungsbeispiele

Er **bringt** das Geld zur Bank. *Er transportiert das Geld zur Bank.*
Sie **bringt** ihre Freundin zum Bahnhof. *Sie begleitet ihre Freundin zum Bahnhof.*
Er **bringt** ihr zum Hochzeitstag Blumen. *Er schenkt ihr zum Hochzeitstag Blumen.*
Der Verkauf ihrer Immobilien **hat** ihr einen hohen Gewinn **gebracht**. *Der Verkauf ihrer Immobilien hat ihr einen hohen Gewinn eingetragen.*

 Redewendungen

hinter sich bringen *etw. bewältigen*
mit sich bringen *zur Folge haben*
in Gefahr bringen *bewirken, dass jmd. in eine gefährliche Situation gerät*
etw. nicht über sich bringen *sich nicht entschließen können, etw. zu tun*
jmdn. auf hundertachtzig bringen *jmdn. sehr wütend machen*
jmdn. um etw. bringen *jmdm. etw. wegnehmen*

 Ähnliche Verben

liefern	einbringen
transportieren	verbringen
übergeben	überbringen
begleiten	vorbringen
abwerfen	unterbringen
eintragen	erbringen
veröffentlichen	

 Aufgepasst!

Das Verb bringen ist ein gemischtes Verb und zählt zu den unregelmäßigen Verben, da sich der Stammvokal ändert. Die Besonderheit der gemischten Verben liegt darin, dass sie im Präteritum regelmäßige Endungen haben und auch im Partizip II die regelmäßige Endung -t steht (▷ Grammatik rund ums Verb, 1.1.2). Achten Sie bei diesem Verb auch auf die veränderte Schreibweise -ng → -ch nach dem Vokalwechsel: ich **bring**e (Präsens) → ich **brach**te (Präteritum).

 Tipps & Tricks

Folgende Verben gehören wie bringen zu den gemischten Verben: brennen, denken, kennen, nennen, rennen, senden, wenden und wissen.

⑰ denken

Stammvokalwechsel e → a → a

Indikativ

Präsens	Perfekt	Futur I
ich denke	ich habe gedacht	ich werde denken
du denkst	du hast gedacht	du wirst denken
er denkt	er hat gedacht	er wird denken
wir denken	wir haben gedacht	wir werden denken
ihr denkt	ihr habt gedacht	ihr werdet denken
sie denken	sie haben gedacht	sie werden denken

Präteritum	Plusquamperfekt	Futur II
ich dachte	ich hatte gedacht	ich werde gedacht haben
du dachtest	du hattest gedacht	du wirst gedacht haben
er dachte	er hatte gedacht	er wird gedacht haben
wir dachten	wir hatten gedacht	wir werden gedacht haben
ihr dachtet	ihr hattet gedacht	ihr werdet gedacht haben
sie dachten	sie hatten gedacht	sie werden gedacht haben

Konjunktiv

Konjunktiv I	Perfekt	Futur I
ich denke	ich habe gedacht	ich werde denken
du denkest	du habest gedacht	du werdest denken
er denke	er habe gedacht	er werde denken
wir denken	wir haben gedacht	wir werden denken
ihr denket	ihr habet gedacht	ihr werdet denken
sie denken	sie haben gedacht	sie werden denken

Konjunktiv II	Plusquamperfekt	Futur II
ich dächte	ich hätte gedacht	ich werde gedacht haben
du dächtest	du hättest gedacht	du werdest gedacht haben
er dächte	er hätte gedacht	er werde gedacht haben
wir dächten	wir hätten gedacht	wir werden gedacht haben
ihr dächtet	ihr hättet gedacht	ihr werdet gedacht haben
sie dächten	sie hätten gedacht	sie werden gedacht haben

Infinitiv

Perfekt
gedacht haben

Partizip

Partizip I
denkend

Partizip II
gedacht

Imperativ

denk(e)
denken wir
denkt
denken Sie

Anwendungsbeispiele

„Wie mache ich das bloß?", **dachte** er. *„Wie mache ich das bloß?", überlegte er.*
Was **denkst** du darüber? *Wie beurteilst du das?*
Ich **denke**, dass er nicht mehr kommt. *Ich vermute, dass er nicht mehr kommt.*
Das hätte ich **mir** ja **denken** können! *Das hätte ich ahnen müssen.*
Ich **habe** gerade **an** unsere Hochzeitsreise **gedacht**. *Ich habe mich gerade an unsere Hochzeitsreise erinnert.*
Wir müssen auch **an** die Kosten **denken**. *Wie müssen die Kosten berücksichtigen.*

 Redewendungen

Erstens kommt es anders, und zweitens als man denkt. *Man kann nicht vorhersehen, was passieren wird.*
Der Mensch denkt, Gott lenkt. *Menschliches Planen kann nicht vollkommen sein.*
Faulheit denkt scharf. *Der Faule sucht nach einem Weg, sein Ziel ohne Mühe zu erreichen.*

 Ähnliche Verben

überlegen	ausdenken
beurteilen	bedenken
bewerten	erdenken
ahnen	mitdenken
sich erinnern	nachdenken
berücksichtigen	überdenken
beabsichtigen	vordenken

 Aufgepasst!

Das Verb denken gehört wie bringen zu den gemischten Verben. Achten Sie auf die veränderte Schreibweise -nk → -ch nach dem Vokalwechsel:
Präsens: ich **denk**e
Präteritum: ich **dach**te

dürfen Modalverb

Indikativ

Präsens		Perfekt			Futur I		
ich	**darf**	ich	habe	gedurft	ich	werde	dürfen
du	**darfst**	du	hast	gedurft	du	wirst	dürfen
er	**darf**	er	hat	gedurft	er	wird	dürfen
wir	dürfen	wir	haben	gedurft	wir	werden	dürfen
ihr	dürft	ihr	habt	gedurft	ihr	werdet	dürfen
sie	dürfen	sie	haben	gedurft	sie	werden	dürfen

Präteritum		Plusquamperfekt			Futur II			
ich	**durfte**	ich	hatte	gedurft	ich	werde	gedurft	haben
du	**durftest**	du	hattest	gedurft	du	wirst	gedurft	haben
er	**durfte**	er	hatte	gedurft	er	wird	gedurft	haben
wir	**durften**	wir	hatten	gedurft	wir	werden	gedurft	haben
ihr	**durftet**	ihr	hattet	gedurft	ihr	werdet	gedurft	haben
sie	**durften**	sie	hatten	gedurft	sie	werden	gedurft	haben

Konjunktiv

Konjunktiv I		Perfekt			Futur I		
ich	dürfe	ich	habe	gedurft	ich	werde	dürfen
du	dürfest	du	habest	gedurft	du	werdest	dürfen
er	dürfe	er	habe	gedurft	er	werde	dürfen
wir	dürfen	wir	haben	gedurft	wir	werden	dürfen
ihr	dürfet	ihr	habet	gedurft	ihr	werdet	dürfen
sie	dürfen	sie	haben	gedurft	sie	werden	dürfen

Konjunktiv II		Plusquamperfekt			Futur II			
ich	dürfte	ich	hätte	gedurft	ich	werde	gedurft	haben
du	dürftest	du	hättest	gedurft	du	werdest	gedurft	haben
er	dürfte	er	hätte	gedurft	er	werde	gedurft	haben
wir	dürften	wir	hätten	gedurft	wir	werden	gedurft	haben
ihr	dürftet	ihr	hättet	gedurft	ihr	werdet	gedurft	haben
sie	dürften	sie	hätten	gedurft	sie	werden	gedurft	haben

Infinitiv	Partizip	Imperativ
Perfekt	**Partizip I**	–
gedurft haben	dürfend	–
	Partizip II	–
	gedurft	–

Anwendungsbeispiele

Darf ich heute ein paar Minuten früher gehen? *Habe ich die Erlaubnis, heute ein paar Minuten früher zu gehen?*
Du **darfst** nicht traurig sein. *Sei nicht traurig.*
Das hättest du **nicht** tun **dürfen**. *Du hattest nicht das Recht, das zu tun.*
Darf ich annehmen, dass Sie mein Angebot akzeptieren? *Kann ich annehmen, dass Sie mein Angebot akzeptieren?*
Darf ich Sie bitten, mir zu folgen? *Würden Sie mir bitte folgen?*

 Redewendungen

sich nicht mehr sehen lassen dürfen *nicht mehr willkommen sein*
mit etw. nicht spaßen dürfen *etw. ernst nehmen, nicht unterschätzen*
nicht wahr sein dürfen (umgs.) *nicht zu fassen sein, unmöglich sein*

 Andere Verben

untersagen
verbieten
versagen
verwehren
verweigern
sich verbitten

 Gebrauch

Das Verb dürfen gehört zu den Modalverben (▷ Grammatik rund ums Verb, 1.3).
Diese beschreiben die Art und Weise, wie etwas geschieht, und verbinden sich meist mit einem Vollverb im Infinitiv, das am Ende des Satzes steht. Allgemein wird dürfen verwendet, wenn man eine Erlaubnis oder Berechtigung beschreibt. Demnach drückt die Verneinung mit nicht ein Verbot aus.
Außerdem kann man durch die Verwendung von dürfen Wünsche oder Bitten höflicher formulieren, wobei manchmal die Konjunktiv II-Form benutzt wird.
Dürfte ich Ihnen noch etwas Wein einschenken?

(19) erwägen

Stammvokalwechsel ä → o → o

Indikativ

Präsens
ich	erwäge
du	erwägst
er	erwägt
wir	erwägen
ihr	erwägt
sie	erwägen

Perfekt
ich	habe	erwogen
du	hast	erwogen
er	hat	erwogen
wir	haben	erwogen
ihr	habt	erwogen
sie	haben	erwogen

Futur I
ich	werde	erwägen
du	wirst	erwägen
er	wird	erwägen
wir	werden	erwägen
ihr	werdet	erwägen
sie	werden	erwägen

Präteritum
ich	erwog
du	erwogst
er	erwog
wir	erwogen
ihr	erwogt
sie	erwogen

Plusquamperfekt
ich	hatte	erwogen
du	hattest	erwogen
er	hatte	erwogen
wir	hatten	erwogen
ihr	hattet	erwogen
sie	hatten	erwogen

Futur II
ich	werde	erwogen	haben
du	wirst	erwogen	haben
er	wird	erwogen	haben
wir	werden	erwogen	haben
ihr	werdet	erwogen	haben
sie	werden	erwogen	haben

Konjunktiv

Konjunktiv I
ich	erwäge
du	erwägest
er	erwäge
wir	erwägen
ihr	erwäget
sie	erwägen

Perfekt
ich	habe	erwogen
du	habest	erwogen
er	habe	erwogen
wir	haben	erwogen
ihr	habet	erwogen
sie	haben	erwogen

Futur I
ich	werde	erwägen
du	werdest	erwägen
er	werde	erwägen
wir	werden	erwägen
ihr	werdet	erwägen
sie	werden	erwägen

Konjunktiv II
ich	erwöge
du	erwögest
er	erwöge
wir	erwögen
ihr	erwöget
sie	erwögen

Plusquamperfekt
ich	hätte	erwogen
du	hättest	erwogen
er	hätte	erwogen
wir	hätten	erwogen
ihr	hättet	erwogen
sie	hätten	erwogen

Futur II
ich	werde	erwogen	haben
du	werdest	erwogen	haben
er	werde	erwogen	haben
wir	werden	erwogen	haben
ihr	werdet	erwogen	haben
sie	werden	erwogen	haben

Infinitiv
Perfekt
erwogen haben

Partizip
Partizip I
erwägend
Partizip II
erwogen

Imperativ
erwäg(e)
erwägen wir
erwägt
erwägen Sie

Anwendungsbeispiele

Die Plattenfirmen **erwägen** Preiserhöhungen für Downloads. *Die Plattenfirmen denken über Preiserhöhungen für Downloads nach.*

Sie **erwog**, die neue Stelle anzunehmen. *Sie überlegte ernsthaft, die neue Stelle anzunehmen.*

Ich **erwäge**, ob ich mir ein neues Auto leisten kann. *Ich prüfe gründlich, ob ich mir ein neues Auto leisten kann.*

Bei der Parlamentssitzung **wurden** Gesetzesänderungen **erwogen**. *Bei der Parlamentssitzung wurden Gesetzesänderungen in Betracht gezogen.*

 Redewendungen

einen Vorschlag erwägen *über einen Vorschlag nachdenken*
einen Plan erwägen *einen Plan gründlich prüfen*
die Konsequenzen erwägen *die Konsequenzen in Betracht ziehen*
das Für und Wider einer Sache erwägen *das Für und Wider einer Sache bedenken*

 Ähnliche Verben

nachdenken über
bedenken
heranziehen
prüfen
überlegen
durchdenken
überschlafen

 Aufgepasst!

Das Verb erwägen ist das einzige Verb mit genau diesem Konjugationsmuster. Trotzdem ist dieses Verb nicht schwer zu konjugieren, denn außer dem Vokalwechsel von -ä zu -o gibt es keine weiteren Besonderheiten. Verben, die ein ähnliches Konjugationsmuster aufweisen, unterscheiden sich nur im Präsens und Konjunktiv I von erwägen und in diesen Formen ist das Verb erwägen regelmäßig.

 Tipps & Tricks

Lernen Sie das Verb erwägen zusammen mit den Verben des Konjugationsmusters schieben, biegen, fliegen, fliehen und wiegen (▷ Verb, ⑤⓪).

essen

Stammvokalwechsel e → a → e

Indikativ

Präsens		Perfekt			Futur I		
ich	esse	ich	habe	gegessen	ich	werde	essen
du	isst	du	hast	gegessen	du	wirst	essen
er	isst	er	hat	gegessen	er	wird	essen
wir	essen	wir	haben	gegessen	wir	werden	essen
ihr	esst	ihr	habt	gegessen	ihr	werdet	essen
sie	essen	sie	haben	gegessen	sie	werden	essen

Präteritum		Plusquamperfekt			Futur II			
ich	aß	ich	hatte	gegessen	ich	werde	gegessen	haben
du	aßest	du	hattest	gegessen	du	wirst	gegessen	haben
er	aß	er	hatte	gegessen	er	wird	gegessen	haben
wir	aßen	wir	hatten	gegessen	wir	werden	gegessen	haben
ihr	aß(e)t	ihr	hattet	gegessen	ihr	werdet	gegessen	haben
sie	aßen	sie	hatten	gegessen	sie	werden	gegessen	haben

Konjunktiv

Konjunktiv I		Perfekt			Futur I		
ich	esse	ich	habe	gegessen	ich	werde	essen
du	essest	du	habest	gegessen	du	werdest	essen
er	esse	er	habe	gegessen	er	werde	essen
wir	essen	wir	haben	gegessen	wir	werden	essen
ihr	esset	ihr	habet	gegessen	ihr	werdet	essen
sie	essen	sie	haben	gegessen	sie	werden	essen

Konjunktiv II		Plusquamperfekt			Futur II			
ich	äße	ich	hätte	gegessen	ich	werde	gegessen	haben
du	äßest	du	hättest	gegessen	du	werdest	gegessen	haben
er	äße	er	hätte	gegessen	er	werde	gegessen	haben
wir	äßen	wir	hätten	gegessen	wir	werden	gegessen	haben
ihr	äßet	ihr	hättet	gegessen	ihr	werdet	gegessen	haben
sie	äßen	sie	hätten	gegessen	sie	werden	gegessen	haben

Infinitiv

Perfekt

gegessen haben

Partizip

Partizip I

essend

Partizip II

gegessen

Imperativ

iss

essen wir

esst

essen Sie

Anwendungsbeispiele

Ich muss unbedingt etwas **essen**, mir ist ganz flau. *Ich muss mich unbedingt stärken, mir ist ganz flau.*

Er **isst** eine Currywurst. *Er nimmt eine Currywurst zu sich.*

Wir **aßen** gestern in einem Gourmetrestaurant. *Wir dinierten gestern in einem Gourmetrestaurant.*

Heute will ich mich so richtig satt **essen**. *Heute will ich so richtig schlemmen.*

 Redewendungen

wie ein Spatz essen *nur sehr wenig essen*
rückwärts essen *sich übergeben, erbrechen*
die Speisekarte rauf und runter essen *im Restaurant sehr viel verzehren*
mit Verstand essen *eine Speise im Bewusstsein ihrer Qualität genießen*

 Ähnliche Verben

sich ernähren
futtern (umgs.)
genießen
mampfen (umgs.)
speisen
verzehren
zu sich nehmen
dinieren
schlemmen
sich stärken
tafeln
naschen

 mitessen

 Aufgepasst!

Achten Sie darauf, dass beim Verb essen im Partizip II ein -g eingeschoben wird: Ich habe gestern zu viel Schokolade **gegessen**.

(21) fahren

Stammvokalwechsel a → u → a

Indikativ

Präsens		Perfekt			Futur I		
ich	fahre	ich	bin	gefahren	ich	werde	fahren
du	fährst	du	bist	gefahren	du	wirst	fahren
er	fährt	er	ist	gefahren	er	wird	fahren
wir	fahren	wir	sind	gefahren	wir	werden	fahren
ihr	fahrt	ihr	seid	gefahren	ihr	werdet	fahren
sie	fahren	sie	sind	gefahren	sie	werden	fahren

Präteritum		Plusquamperfekt			Futur II			
ich	fuhr	ich	war	gefahren	ich	werde	gefahren	sein
du	fuhrst	du	warst	gefahren	du	wirst	gefahren	sein
er	fuhr	er	war	gefahren	er	wird	gefahren	sein
wir	fuhren	wir	waren	gefahren	wir	werden	gefahren	sein
ihr	fuhrt	ihr	wart	gefahren	ihr	werdet	gefahren	sein
sie	fuhren	sie	waren	gefahren	sie	werden	gefahren	sein

Konjunktiv

Konjunktiv I		Perfekt			Futur I		
ich	fahre	ich	sei	gefahren	ich	werde	fahren
du	fahrest	du	sei(e)st	gefahren	du	werdest	fahren
er	fahre	er	sei	gefahren	er	werde	fahren
wir	fahren	wir	seien	gefahren	wir	werden	fahren
ihr	fahret	ihr	sei(e)t	gefahren	ihr	werdet	fahren
sie	fahren	sie	seien	gefahren	sie	werden	fahren

Konjunktiv II		Plusquamperfekt			Futur II			
ich	führe	ich	wäre	gefahren	ich	werde	gefahren	sein
du	führest	du	wär(e)st	gefahren	du	werdest	gefahren	sein
er	führe	er	wäre	gefahren	er	werde	gefahren	sein
wir	führen	wir	wären	gefahren	wir	werden	gefahren	sein
ihr	führet	ihr	wär(e)t	gefahren	ihr	werdet	gefahren	sein
sie	führen	sie	wären	gefahren	sie	werden	gefahren	sein

Infinitiv

Perfekt

gefahren sein

Partizip

Partizip I

fahrend

Partizip II

gefahren

Imperativ

fahr(e)

fahren wir

fahrt

fahren Sie

Anwendungsbeispiele

Am Wochenende **fahre** ich zu meiner Schwester. *Am Wochenende reise ich zu meiner Schwester.*
Fahren Sie doch mit dem Fahrstuhl nach oben! *Begeben Sie sich doch mit dem Fahrstuhl nach oben!*
Die Ware **wird** mit dem Lkw zu den Geschäften **gefahren**. *Die Ware wird mit dem Lkw zu den Geschäften transportiert.*

 Redewendungen

fahren wie die Feuerwehr *sehr schnell fahren*
etw. fahren lassen *aufgeben, loslassen*
jmdm. in die Beine fahren *emotional stark berühren/erschrecken*
in die Höhe fahren *plötzlich und schnell aufstehen*
jmdn. über den Mund fahren *jmdn. zum Schweigen bringen*

 Ähnliche Verben

reisen	befahren
lenken	anfahren
steuern	losfahren
befördern	überfahren
transportieren	vorfahren
sich begeben	erfahren
reisen	entfahren
sich fortbewegen	verfahren
tuckern (umgs.)	nachfahren
kurven (umgs.)	mitfahren

 Aufgepasst!

Wenn das Verb fahren mit einer Akkusativergänzung verwendet wird, wird das Hilfsverb haben benutzt:
Er **hat** einen echten Lamborghini **gefahren**.

 Tipps & Tricks

Folgende Verben werden wie fahren konjugiert: graben, schlagen und tragen und die vielen Varianten dieser Verben, die es durch die Verbindung mit verschiedenen Präfixen gibt.

㉒ fangen

Stammvokalwechsel a → i → a

Indikativ

Präsens		Perfekt			Futur I		
ich	fange	ich	habe	gefangen	ich	werde	fangen
du	fängst	du	hast	gefangen	du	wirst	fangen
er	fängt	er	hat	gefangen	er	wird	fangen
wir	fangen	wir	haben	gefangen	wir	werden	fangen
ihr	fangt	ihr	habt	gefangen	ihr	werdet	fangen
sie	fangen	sie	haben	gefangen	sie	werden	fangen

Präteritum		Plusquamperfekt			Futur II			
ich	fing	ich	hatte	gefangen	ich	werde	gefangen	haben
du	fingst	du	hattest	gefangen	du	wirst	gefangen	haben
er	fing	er	hatte	gefangen	er	wird	gefangen	haben
wir	fingen	wir	hatten	gefangen	wir	werden	gefangen	haben
ihr	fingt	ihr	hattet	gefangen	ihr	werdet	gefangen	haben
sie	fingen	sie	hatten	gefangen	sie	werden	gefangen	haben

Konjunktiv

Konjunktiv I		Perfekt			Futur I		
ich	fange	ich	habe	gefangen	ich	werde	fangen
du	fangest	du	habest	gefangen	du	werdest	fangen
er	fange	er	habe	gefangen	er	werde	fangen
wir	fangen	wir	haben	gefangen	wir	werden	fangen
ihr	fanget	ihr	habet	gefangen	ihr	werdet	fangen
sie	fangen	sie	haben	gefangen	sie	werden	fangen

Konjunktiv II		Plusquamperfekt			Futur II			
ich	finge	ich	hätte	gefangen	ich	werde	gefangen	haben
du	fingest	du	hättest	gefangen	du	werdest	gefangen	haben
er	finge	er	hätte	gefangen	er	werde	gefangen	haben
wir	fingen	wir	hätten	gefangen	wir	werden	gefangen	haben
ihr	finget	ihr	hättet	gefangen	ihr	werdet	gefangen	haben
sie	fingen	sie	hätten	gefangen	sie	werden	gefangen	haben

Infinitiv

Perfekt

gefangen haben

Partizip

Partizip I

fangend

Partizip II

gefangen

Imperativ

fang(e)

fangen wir

fangt

fangen Sie

Anwendungsbeispiele

Er **hat** bisher noch jeden Ball **gefangen**. *Er hat bisher noch jeden Ball gekriegt.*

Inuit **fangen** Wale zum Essen und als Rohstoff. *Inuit jagen Wale zum Essen und als Rohstoff.*

Die Polizei **fing** die Täter nach einer langen Verfolgungsjagd. *Die Polizei fasste die Täter nach einer langen Verfolgungsjagd.*

Sie stolperte über den Ast, konnte sich aber gleich wieder **fangen**. *Sie stolperte über den Ast, kam aber gleich wieder ins Gleichgewicht.*

 Redewendungen

Feuer fangen *sich für etw. begeistern*

sich in der eigenen Schlinge fangen *beim Versuch anderen zu schaden, sich selbst Schaden zufügen*

sich (wieder) fangen *nach einer Niederlage, Enttäuschung wieder Fassung gewinnen*

 Ähnliche Verben

aufgreifen	einfangen
(er)greifen	empfangen
festnehmen	verfangen
schnappen	auffangen
verhaften	anfangen
fassen	
kriegen	
packen	

 Aufgepasst!

Achten Sie bei dem Verb fangen auf den Stammvokalwechsel im Präsens. Wie bei einigen anderen Verben mit dem Stammvokal -a wird dieser nur in der 2. und 3. Person Singular zu einem Umlaut:

ich fange → du fängst, er fängt

(23) finden

Stammvokalwechsel i → a → u

Indikativ

Präsens		Perfekt			Futur I		
ich	finde	ich	habe	gefunden	ich	werde	finden
du	findest	du	hast	gefunden	du	wirst	finden
er	findet	er	hat	gefunden	er	wird	finden
wir	finden	wir	haben	gefunden	wir	werden	finden
ihr	findet	ihr	habt	gefunden	ihr	werdet	finden
sie	finden	sie	haben	gefunden	sie	werden	finden

Präteritum		Plusquamperfekt			Futur II			
ich	fand	ich	hatte	gefunden	ich	werde	gefunden	haben
du	fandest	du	hattest	gefunden	du	wirst	gefunden	haben
er	fand	er	hatte	gefunden	er	wird	gefunden	haben
wir	fanden	wir	hatten	gefunden	wir	werden	gefunden	haben
ihr	fandet	ihr	hattet	gefunden	ihr	werdet	gefunden	haben
sie	fanden	sie	hatten	gefunden	sie	werden	gefunden	haben

Konjunktiv

Konjunktiv I		Perfekt			Futur I		
ich	finde	ich	habe	gefunden	ich	werde	finden
du	findest	du	habest	gefunden	du	werdest	finden
er	finde	er	habe	gefunden	er	werde	finden
wir	finden	wir	haben	gefunden	wir	werden	finden
ihr	findet	ihr	habet	gefunden	ihr	werdet	finden
sie	finden	sie	haben	gefunden	sie	werden	finden

Konjunktiv II		Plusquamperfekt			Futur II			
ich	fände	ich	hätte	gefunden	ich	werde	gefunden	haben
du	fändest	du	hättest	gefunden	du	werdest	gefunden	haben
er	fände	er	hätte	gefunden	er	werde	gefunden	haben
wir	fänden	wir	hätten	gefunden	wir	werden	gefunden	haben
ihr	fändet	ihr	hättet	gefunden	ihr	werdet	gefunden	haben
sie	fänden	sie	hätten	gefunden	sie	werden	gefunden	haben

Infinitiv

Perfekt

gefunden haben

Partizip

Partizip I

findend

Partizip II

gefunden

Imperativ

find(e)

finden wir

findet

finden Sie

Anwendungsbeispiele

Ich **habe** endlich meine Kinderfotos **gefunden**. *Ich habe endlich meine Kinderfotos aufgestöbert.*

Er **fand** in der neuen Stadt schnell Freunde. *Er gewann in der neuen Stadt schnell Freunde.*

Sie **fanden** die Formel für ein längeres Leben. *Sie entdeckten die Formel für ein längeres Leben.*

Sie **findet**, dass alles gut organisiert ist. *Sie meint, dass alles gut organisiert ist.*

 Redewendungen

den Tod finden *sterben*
reißenden Absatz finden *sich sehr gut verkaufen*
den richtigen Ton finden *sich in einer Situation angemessen äußern*

 Ähnliche Verben

aufspüren	anfinden
aufstöbern	auffinden
auftauchen	befinden
entdecken	einfinden
ermitteln	empfinden
feststellen	erfinden
treffen auf	stattfinden
annehmen	vorfinden
denken	
glauben	
meinen	

 Aufgepasst!

Bei dem Verb finden wird im Präsens bei der 2. Person Singular und Plural sowie bei der 3. Person Singular ein -e eingeschoben. Das gilt auch für die 2. Person Singular und Plural im Präteritum (▷ Grammatik rund ums Verb, **1.1.1**).

 **fließen**

Stammvokalwechsel ie → o → o

Indikativ

Präsens		Perfekt			Futur I		
ich	fließe	ich	bin	geflossen	ich	werde	fließen
du	fließt	du	bist	geflossen	du	wirst	fließen
er	fließt	er	ist	geflossen	er	wird	fließen
wir	fließen	wir	sind	geflossen	wir	werden	fließen
ihr	fließt	ihr	seid	geflossen	ihr	werdet	fließen
sie	fließen	sie	sind	geflossen	sie	werden	fließen

Präteritum		Plusquamperfekt			Futur II			
ich	floss	ich	war	geflossen	ich	werde	geflossen	sein
du	flossest	du	warst	geflossen	du	wirst	geflossen	sein
er	floss	er	war	geflossen	er	wird	geflossen	sein
wir	flossen	wir	waren	geflossen	wir	werden	geflossen	sein
ihr	floss(e)t	ihr	wart	geflossen	ihr	werdet	geflossen	sein
sie	flossen	sie	waren	geflossen	sie	werden	geflossen	sein

Konjunktiv

Konjunktiv I		Perfekt			Futur I		
ich	fließe	ich	sei	geflossen	ich	werde	fließen
du	fließest	du	sei(e)st	geflossen	du	werdest	fließen
er	fließe	er	sei	geflossen	er	werde	fließen
wir	fließen	wir	seien	geflossen	wir	werden	fließen
ihr	fließet	ihr	sei(e)t	geflossen	ihr	werdet	fließen
sie	fließen	sie	seien	geflossen	sie	werden	fließen

Konjunktiv II		Plusquamperfekt			Futur II			
ich	flösse	ich	wäre	geflossen	ich	werde	geflossen	sein
du	flössest	du	wär(e)st	geflossen	du	werdest	geflossen	sein
er	flösse	er	wäre	geflossen	er	werde	geflossen	sein
wir	flössen	wir	wären	geflossen	wir	werden	geflossen	sein
ihr	flösset	ihr	wär(e)t	geflossen	ihr	werdet	geflossen	sein
sie	flössen	sie	wären	geflossen	sie	werden	geflossen	sein

Infinitiv

Perfekt

geflossen sein

Partizip

Partizip I

fließend

Partizip II

geflossen

Imperativ

fließ(e)

fließen wir

fließt

fließen Sie

Anwendungsbeispiele

Die Elbe **fließt** in die Nordsee. *Die Elbe strömt in die Nordsee.*
Die Milch **ist** über den ganzen Tisch **geflossen**. *Die Milch hat sich über den ganzen Tisch ergossen.*
Nach drei Stunden **floss** der Verkehr auf der A1 wieder ungehindert. *Nach drei Stunden bewegte sich der Verkehr auf der A1 wieder ungehindert.*
Die Informationen **fließen** still im Hintergrund. *Die Informationen sind still im Hintergrund im Umlauf.*

 Redewendungen

glatt/leicht von den Lippen fließen *sich bedenkenlos über etw. äußern*
in Strömen fließen *in großen Mengen ausgeschenkt werden*
in jmds. Tasche fließen *Gewinn machen*

 Ähnliche Verben

sich ergießen	ausfließen
laufen	einfließen
plätschern	verfließen
rinnen	zerfließen
sprudeln	
strömen	
tröpfeln	
tropfen	
(ein)münden	

 Aufgepasst!

Da man im Deutschen nach einem langen Vokal oder Doppelvokal (**fließen**) -ß schreibt, nach einem kurzen Vokal (**floss**) aber -ss, kommt es im Präteritum, Konjunktiv II und Partizip II zu dem Konsonantenwechsel -ß zu -ss. Achten Sie auch auf das eingeschobene -e in der 2. Person Singular Präteritum (▷ Grammatik rund ums Verb, **1.1.1**).

gehen

Stammvokalwechsel e → i → a

Indikativ

Präsens

ich	gehe
du	gehst
er	geht
wir	gehen
ihr	geht
sie	gehen

Perfekt

ich	bin	gegangen
du	bist	gegangen
er	ist	gegangen
wir	sind	gegangen
ihr	seid	gegangen
sie	sind	gegangen

Futur I

ich	werde	gehen
du	wirst	gehen
er	wird	gehen
wir	werden	gehen
ihr	werdet	gehen
sie	werden	gehen

Präteritum

ich	ging
du	gingst
er	ging
wir	gingen
ihr	gingt
sie	gingen

Plusquamperfekt

ich	war	gegangen
du	warst	gegangen
er	war	gegangen
wir	waren	gegangen
ihr	wart	gegangen
sie	waren	gegangen

Futur II

ich	werde	gegangen	sein
du	wirst	gegangen	sein
er	wird	gegangen	sein
wir	werden	gegangen	sein
ihr	werdet	gegangen	sein
sie	werden	gegangen	sein

Konjunktiv

Konjunktiv I

ich	gehe
du	gehest
er	gehe
wir	gehen
ihr	gehet
sie	gehen

Perfekt

ich	sei	gegangen
du	sei(e)st	gegangen
er	sei	gegangen
wir	seien	gegangen
ihr	sei(e)t	gegangen
sie	seien	gegangen

Futur I

ich	werde	gehen
du	werdest	gehen
er	werde	gehen
wir	werden	gehen
ihr	werdet	gehen
sie	werden	gehen

Konjunktiv II

ich	ginge
du	gingest
er	ginge
wir	gingen
ihr	ginget
sie	gingen

Plusquamperfekt

ich	wäre	gegangen
du	wär(e)st	gegangen
er	wäre	gegangen
wir	wären	gegangen
ihr	wär(e)t	gegangen
sie	wären	gegangen

Futur II

ich	werde	gegangen	sein
du	werdest	gegangen	sein
er	werde	gegangen	sein
wir	werden	gegangen	sein
ihr	werdet	gegangen	sein
sie	werden	gegangen	sein

Infinitiv

Perfekt

gegangen sein

Partizip

Partizip I

gehend

Partizip II

gegangen

Imperativ

geh(e)
gehen wir
geht
gehen Sie

Anwendungsbeispiele

Sie **geht** auf die Goetheschule. *Sie besucht die Goetheschule.*
Nach der Arbeit **gingen** sie zusammen zur U-Bahn. *Nach der Arbeit begaben sie sich zusammen zur U-Bahn.*
Das Kleid **ging** ihr bis zu den Knien. *Das Kleid reichte ihr bis zu den Knien.*
In dem Vortrag **geht** es **um** Gefahrenprävention. *Der Vortrag handelt von Gefahrenprävention.*

 Redewendungen

wie auf Eiern gehen *sehr vorsichtig gehen*
in sich gehen *über das eigene Verhalten nachdenken, um es zu ändern*
jmdn. gehen lassen *jmdn. in Ruhe lassen*
zur Neige gehen *bald zu Ende sein*
zu weit gehen *das akzeptable Maß überschreiten*

 Ähnliche Verben

sich fortbewegen	angehen
laufen	ausgehen
sich begeben	begehen
geschehen	eingehen
verlaufen	ergehen
sich drehen	übergehen
sich handeln	vergehen
sich fühlen	zergehen

 Gebrauch

Von dem Verb gehen lassen sich nicht nur besonders viele Kombinationen mit Präfixen ableiten, das Verb gehen hat selbst sehr viele verschiedene Bedeutungen und Anwendungsmöglichkeiten. So kann man z. B. mit gehen + Präposition + Substantiv ein anderes Verb umschreiben:
Der Prozess **ist** gestern **zu Ende gegangen**. *Der Prozess hat gestern geendet.*

 Tipps & Tricks

Um die verschiedenen Bedeutungen von gehen zu lernen, schreiben Sie möglichst viele Beispielsätze auf. Sie können auch das Großwörterbuch Deutsch als Fremdsprache von Langenscheidt zu Hilfe nehmen.

greifen

Stammvokalwechsel ei → i → i

Indikativ

Präsens

ich	greife
du	greifst
er	greift
wir	greifen
ihr	greift
sie	greifen

Perfekt

ich	habe	gegriffen
du	hast	gegriffen
er	hat	gegriffen
wir	haben	gegriffen
ihr	habt	gegriffen
sie	haben	gegriffen

Futur I

ich	werde	greifen
du	wirst	greifen
er	wird	greifen
wir	werden	greifen
ihr	werdet	greifen
sie	werden	greifen

Präteritum

ich	griff
du	griffst
er	griff
wir	griffen
ihr	grifft
sie	griffen

Plusquamperfekt

ich	hatte	gegriffen
du	hattest	gegriffen
er	hatte	gegriffen
wir	hatten	gegriffen
ihr	hattet	gegriffen
sie	hatten	gegriffen

Futur II

ich	werde	gegriffen haben
du	wirst	gegriffen haben
er	wird	gegriffen haben
wir	werden	gegriffen haben
ihr	werdet	gegriffen haben
sie	werden	gegriffen haben

Konjunktiv

Konjunktiv I

ich	greife
du	greifest
er	greife
wir	greifen
ihr	greifet
sie	greifen

Perfekt

ich	habe	gegriffen
du	habest	gegriffen
er	habe	gegriffen
wir	haben	gegriffen
ihr	habet	gegriffen
sie	haben	gegriffen

Futur I

ich	werde	greifen
du	werdest	greifen
er	werde	greifen
wir	werden	greifen
ihr	werdet	greifen
sie	werden	greifen

Konjunktiv II

ich	griffe
du	griffest
er	griffe
wir	griffen
ihr	griffet
sie	griffen

Plusquamperfekt

ich	hätte	gegriffen
du	hättest	gegriffen
er	hätte	gegriffen
wir	hätten	gegriffen
ihr	hättet	gegriffen
sie	hätten	gegriffen

Futur II

ich	werde	gegriffen haben
du	werdest	gegriffen haben
er	werde	gegriffen haben
wir	werden	gegriffen haben
ihr	werdet	gegriffen haben
sie	werden	gegriffen haben

Infinitiv

Perfekt

gegriffen haben

Partizip

Partizip I

greifend

Partizip II

gegriffen

Imperativ

greif(e)

greifen wir

greift

greifen Sie

Anwendungsbeispiele

Er **griff** sie am Arm und hielt sie fest, bis die Polizei kam. *Er packte sie am Arm und hielt sie fest, bis die Polizei kam.*

Nach dem Essen **greift** sie **sich** ihr Lieblingsbuch und liest. *Nach dem Essen nimmt sie ihr Lieblingsbuch und liest.*

Die Maßnahmen der Regierung **haben** noch nicht **gegriffen**. *Die Maßnahmen der Regierung sind noch nicht erfolgreich.*

 Redewendungen

um sich greifen *sich ausbreiten*
unter die Arme greifen *einer Person helfen*
zur Flasche greifen *meist aus Trauer, Frust viel Alkohol trinken*
mit Händen zu greifen sein *offensichtlich sein*
nach dem Mond greifen *Unmögliches verwirklichen wollen*
nach den Sternen greifen *unerreichbare Ziele haben*
sich an die Stirn greifen *unfassbar finden*
tief in die Tasche greifen *viel für etw. bezahlen*

 Ähnliche Verben

anfassen	angreifen
erfassen	aufgreifen
erhaschen	begreifen
packen	ergreifen
sich nehmen	herausgreifen
fangen	übergreifen
festnehmen	vergreifen
verhaften	vorgreifen

 Aufgepasst!

Im Präteritum, Konjunktiv II und Partizip II schreibt man -ff, da es im Deutschen nach einem kurzen Stammvokal fast immer zu einer Konsonantendopplung kommt.

 Tipps & Tricks

Schreiben Sie die Verben der Wortfamilie greifen auf Karteikarten. Notieren Sie auf der Vorderseite den Infinitiv und die Zeit (z. B. Präteritum), auf der Rückseite alle Personen.

(27) halten

Stammvokalwechsel a → ie → a

Indikativ

Präsens			Perfekt			Futur I		
ich	halte		ich	habe	gehalten	ich	werde	halten
du	hältst		du	hast	gehalten	du	wirst	halten
er	hält		er	hat	gehalten	er	wird	halten
wir	halten		wir	haben	gehalten	wir	werden	halten
ihr	haltet		ihr	habt	gehalten	ihr	werdet	halten
sie	halten		sie	haben	gehalten	sie	werden	halten

Präteritum			Plusquamperfekt			Futur II			
ich	hielt		ich	hatte	gehalten	ich	werde	gehalten	haben
du	hielt(e)st		du	hattest	gehalten	du	wirst	gehalten	haben
er	hielt		er	hatte	gehalten	er	wird	gehalten	haben
wir	hielten		wir	hatten	gehalten	wir	werden	gehalten	haben
ihr	hieltet		ihr	hattet	gehalten	ihr	werdet	gehalten	haben
sie	hielten		sie	hatten	gehalten	sie	werden	gehalten	haben

Konjunktiv

Konjunktiv I			Perfekt			Futur I		
ich	halte		ich	habe	gehalten	ich	werde	halten
du	haltest		du	habest	gehalten	du	werdest	halten
er	halte		er	habe	gehalten	er	werde	halten
wir	halten		wir	haben	gehalten	wir	werden	halten
ihr	haltet		ihr	habet	gehalten	ihr	werdet	halten
sie	halten		sie	haben	gehalten	sie	werden	halten

Konjunktiv II			Plusquamperfekt			Futur II			
ich	hielte		ich	hätte	gehalten	ich	werde	gehalten	haben
du	hieltest		du	hättest	gehalten	du	werdest	gehalten	haben
er	hielte		er	hätte	gehalten	er	werde	gehalten	haben
wir	hielten		wir	hätten	gehalten	wir	werden	gehalten	haben
ihr	hieltet		ihr	hättet	gehalten	ihr	werdet	gehalten	haben
sie	hielten		sie	hätten	gehalten	sie	werden	gehalten	haben

Infinitiv

Perfekt

gehalten haben

Partizip

Partizip I

haltend

Partizip II

gehalten

Imperativ

halt(e)

halten wir

haltet

halten Sie

Anwendungsbeispiele

Er **hielt** den Pokal in die Höhe. *Er hob den Pokal in die Höhe.*
Sie liefen Händchen **haltend** durch den Park. *Sie liefen, sich an den Händen fassend, durch den Park.*
Was **hält** dich noch hier? *Warum bleibst du noch hier?*
Das Gesetz war nicht mehr zu **halten**. *Das Gesetz war nicht mehr zu verteidigen.*
Wenn ihr mitmachen wollt, müsst ihr **euch an** die Regeln **halten**. *Wenn ihr mitmachen wollt, müsst ihr die Regeln befolgen.*

 Redewendungen

an sich halten *sich beherrschen*
auf sich halten *auf seinen guten Ruf/sein Aussehen bedacht sein*
jmdn. zum Narren halten *jmdn. täuschen, jmdm. einen Streich spielen*
jmdn. in Atem halten *jmdn. nicht zur Ruhe kommen lassen*

 Ähnliche Verben

anpacken	anhalten
erfassen	aushalten
sichern	behalten
stärken	beinhalten
bewahren	einhalten
verteidigen	erhalten
weiterführen	fernhalten
geben	innehalten
ausrichten	unterhalten
	verhalten

 Aufgepasst!

Achten Sie auf das eingeschobene -e in der 2. Person Plural im Präsens und Präteritum. In der 2. Person Singular Präteritum können Sie auch ein -e einschieben, so lässt sich das Verb besser aussprechen.

handeln

-deln → dle

Indikativ

Präsens		Perfekt			Futur I		
ich	handle	ich	habe	gehandelt	ich	werde	handeln
du	handelst	du	hast	gehandelt	du	wirst	handeln
er	handelt	er	hat	gehandelt	er	wird	handeln
wir	handeln	wir	haben	gehandelt	wir	werden	handeln
ihr	handelt	ihr	habt	gehandelt	ihr	werdet	handeln
sie	handeln	sie	haben	gehandelt	sie	werden	handeln

Präteritum		Plusquamperfekt			Futur II			
ich	handelte	ich	hatte	gehandelt	ich	werde	gehandelt	haben
du	handeltest	du	hattest	gehandelt	du	wirst	gehandelt	haben
er	handelte	er	hatte	gehandelt	er	wird	gehandelt	haben
wir	handelten	wir	hatten	gehandelt	wir	werden	gehandelt	haben
ihr	handeltet	ihr	hattet	gehandelt	ihr	werdet	gehandelt	haben
sie	handelten	sie	hatten	gehandelt	sie	werden	gehandelt	haben

Konjunktiv

Konjunktiv I		Perfekt			Futur I		
ich	handle	ich	habe	gehandelt	ich	werde	handeln
du	handlest	du	habest	gehandelt	du	werdest	handeln
er	handle	er	habe	gehandelt	er	werde	handeln
wir	handeln	wir	haben	gehandelt	wir	werden	handeln
ihr	handlet	ihr	habet	gehandelt	ihr	werdet	handeln
sie	handeln	sie	haben	gehandelt	sie	werden	handeln

Konjunktiv II		Plusquamperfekt			Futur II			
ich	handelte	ich	hätte	gehandelt	ich	werde	gehandelt	haben
du	handeltest	du	hättest	gehandelt	du	werdest	gehandelt	haben
er	handelte	er	hätte	gehandelt	er	werde	gehandelt	haben
wir	handelten	wir	hätten	gehandelt	wir	werden	gehandelt	haben
ihr	handeltet	ihr	hättet	gehandelt	ihr	werdet	gehandelt	haben
sie	handelten	sie	hätten	gehandelt	sie	werden	gehandelt	haben

Infinitiv

Perfekt

gehandelt haben

Partizip

Partizip I

handelnd

Partizip II

gehandelt

Imperativ

handle

handeln wir

handelt

handeln Sie

Anwendungsbeispiele

Er muss **handeln**, wenn er gewinnen will. *Er muss etwas unternehmen, wenn er gewinnen will.*

In dieser Situation **hat** die Leitung genau richtig **gehandelt**. *In dieser Situation hat die Leitung genau richtig agiert.*

Sie **handelt** mit französischem und italienischem Wein. *Sie vertreibt französischen und italienischen Wein.*

Das Buch **handelt von** Darwins Evolutionstheorie. *Das Buch erörtert Darwins Evolutionstheorie.*

 Redewendungen

von etw. handeln *etw. zum Thema haben*

mit Zitronen gehandelt haben *mit einem Unternehmen Pech gehabt haben*

 Ähnliche Verben

agieren	aushandeln
unternehmen	behandeln
auftreten	einhandeln
sich benehmen	verhandeln
vermarkten	
vertreiben	
feilschen	
beleuchten	
erörtern	

 Aufgepasst!

Das Verb handeln ist ein regelmäßiges Verb. Allerdings wird bei Verben, die auf -eln oder -ern enden, das -e in der 1. Person Singular oft weggelassen: ich han**dl**e. Auch in der 1. und 3. Person Plural fehlt das -e: wir hande**ln**, sie hande**ln**.

Dies gilt für das Präsens und den Konjunktiv I.

 Tipps & Tricks

Weitere regelmäßige Verben, die auf -eln oder -ern enden sind: sich erinnern, grübeln, klappern, lächeln, verwandeln, verwechseln, sich wundern, zaubern etc.

29 hängen

Stammvokalwechsel ä → i → a

Indikativ

Präsens
ich	hänge
du	hängst
er	hängt
wir	hängen
ihr	hängt
sie	hängen

Perfekt
ich	habe	gehangen
du	hast	gehangen
er	hat	gehangen
wir	haben	gehangen
ihr	habt	gehangen
sie	haben	gehangen

Futur I
ich	werde	hängen
du	wirst	hängen
er	wird	hängen
wir	werden	hängen
ihr	werdet	hängen
sie	werden	hängen

Präteritum
ich	hing
du	hingst
er	hing
wir	hingen
ihr	hingt
sie	hingen

Plusquamperfekt
ich	hatte	gehangen
du	hattest	gehangen
er	hatte	gehangen
wir	hatten	gehangen
ihr	hattet	gehangen
sie	hatten	gehangen

Futur II
ich	werde	gehangen	haben
du	wirst	gehangen	haben
er	wird	gehangen	haben
wir	werden	gehangen	haben
ihr	werdet	gehangen	haben
sie	werden	gehangen	haben

Konjunktiv

Konjunktiv I
ich	hänge
du	hängest
er	hänge
wir	hängen
ihr	hänget
sie	hängen

Perfekt
ich	habe	gehangen
du	habest	gehangen
er	habe	gehangen
wir	haben	gehangen
ihr	habet	gehangen
sie	haben	gehangen

Futur I
ich	werde	hängen
du	werdest	hängen
er	werde	hängen
wir	werden	hängen
ihr	werdet	hängen
sie	werden	hängen

Konjunktiv II
ich	hinge
du	hingest
er	hinge
wir	hingen
ihr	hinget
sie	hingen

Plusquamperfekt
ich	hätte	gehangen
du	hättest	gehangen
er	hätte	gehangen
wir	hätten	gehangen
ihr	hättet	gehangen
sie	hätten	gehangen

Futur II
ich	werde	gehangen	haben
du	werdest	gehangen	haben
er	werde	gehangen	haben
wir	werden	gehangen	haben
ihr	werdet	gehangen	haben
sie	werden	gehangen	haben

Infinitiv

Perfekt
gehangen haben

Partizip

Partizip I
hängend

Partizip II
gehangen

Imperativ

häng(e)
hängen wir
hängt
hängen Sie

Anwendungsbeispiele

Dieses Bild **hängen** wir ins Wohnzimmer. *Dieses Bild bringen wir im Wohnzimmer an.*

Dein Mantel **hing** gestern noch an der Garderobe. *Dein Mantel war gestern noch an der Garderobe.*

Wir kommen später, denn wir **hängen** im Stau. *Wir kommen später, denn wir stecken im Stau fest.*

Ich **hänge** sehr **an** meinen Geschwistern. *Ich liebe meine Geschwister sehr.*

 Redewendungen

an die große Glocke hängen *in der Öffentlichkeit erzählen*
sein Fähnchen nach dem Wind hängen *sich der herrschenden Meinung anpassen*
an der Nadel hängen *von Injektionsdrogen abhängig sein*
an den Nagel hängen *nicht mehr weiter ausüben, aufgeben*

 Ähnliche Verben

anbringen	anhängen
befestigen	aufhängen
festmachen	aushängen
baumeln	festhängen
anhaften	verhängen
lieben	zuhängen

 Aufgepasst!

Das Verb hängen kann sowohl regelmäßig als auch unregelmäßig konjugiert werden. Wenn das Verb transitiv verwendet wird, ist es regelmäßig und beschreibt eine Aktion: Sie **hängte** die Weihnachtskugeln an den Tannenbaum.

Wird das Verb hängen intransitiv gebraucht, dann beschreibt es einen Zustand und ist unregelmäßig: Die Weihnachtskugeln **hingen** am Tannenbaum.

Das Verb hängen wird in Süddeutschland im Perfekt und Plusquamperfekt meist mit dem Hilfsverb sein gebildet.

(30) heben

Stammvokalwechsel e ➝ o ➝ o

Indikativ

Präsens			**Perfekt**			**Futur I**		
ich	hebe		ich	habe	gehoben	ich	werde	heben
du	hebst		du	hast	gehoben	du	wirst	heben
er	hebt		er	hat	gehoben	er	wird	heben
wir	heben		wir	haben	gehoben	wir	werden	heben
ihr	hebt		ihr	habt	gehoben	ihr	werdet	heben
sie	heben		sie	haben	gehoben	sie	werden	heben

Präteritum			**Plusquamperfekt**			**Futur II**			
ich	hob		ich	hatte	gehoben	ich	werde	gehoben	haben
du	hobst		du	hattest	gehoben	du	wirst	gehoben	haben
er	hob		er	hatte	gehoben	er	wird	gehoben	haben
wir	hoben		wir	hatten	gehoben	wir	werden	gehoben	haben
ihr	hobt		ihr	hattet	gehoben	ihr	werdet	gehoben	haben
sie	hoben		sie	hatten	gehoben	sie	werden	gehoben	haben

Konjunktiv

Konjunktiv I			**Perfekt**			**Futur I**		
ich	hebe		ich	habe	gehoben	ich	werde	heben
du	hebest		du	habest	gehoben	du	werdest	heben
er	hebe		er	habe	gehoben	er	werde	heben
wir	heben		wir	haben	gehoben	wir	werden	heben
ihr	hebet		ihr	habet	gehoben	ihr	werdet	heben
sie	heben		sie	haben	gehoben	sie	werden	heben

Konjunktiv II			**Plusquamperfekt**			**Futur II**			
ich	höbe		ich	hätte	gehoben	ich	werde	gehoben	haben
du	höbest		du	hättest	gehoben	du	werdest	gehoben	haben
er	höbe		er	hätte	gehoben	er	werde	gehoben	haben
wir	höben		wir	hätten	gehoben	wir	werden	gehoben	haben
ihr	höbet		ihr	hättet	gehoben	ihr	werdet	gehoben	haben
sie	höben		sie	hätten	gehoben	sie	werden	gehoben	haben

Infinitiv

Perfekt

gehoben haben

Partizip

Partizip I

hebend

Partizip II

gehoben

Imperativ

heb(e)

heben wir

hebt

heben Sie

Anwendungsbeispiele

Zur Abstimmung **heben** Sie bitte die Hand. *Zur Abstimmung halten Sie bitte die Hand hoch.*

Er **hob** den Karton vom Tisch. *Er nahm den Karton vom Tisch.*

Mit seinem Auftritt **hat** er die Stimmung im Saal **gehoben**. *Mit seinem Auftritt hat er die Stimmung im Saal gesteigert.*

Das Wrack konnte nicht **gehoben werden**. *Das Wrack konnte nicht geborgen werden.*

 Redewendungen

einen heben *etw. Alkoholisches trinken*
die Stimme heben *lauter sprechen*
aus den Angeln heben *aus dem Gleichgewicht bringen*
in den Himmel heben *besonders loben*
auf den Thron heben *einer Person eine erstrangige Stellung zusprechen*

 Ähnliche Verben

hochziehen	abheben
liften	anheben
hochhalten	ausheben
hochnehmen	beheben
ausgraben	erheben
bergen	hochheben
aufwerten	verheben
begünstigen	
steigern	

 Aufgepasst!

Für das Verb heben und seine Kombinationen mit Präfixen gibt es eine veraltete Form im Präteritum (**hub**) und im Konjunktiv II (**hübe**). Diese Formen müssen Sie nicht lernen, aber erkennen können, falls sie in einem Text einmal auftauchen.

 **heißen**

Stammvokalwechsel ei → ie → ei

Indikativ

Präsens		Perfekt			Futur I		
ich	heiße	ich	habe	geheißen	ich	werde	heißen
du	heißt	du	hast	geheißen	du	wirst	heißen
er	heißt	er	hat	geheißen	er	wird	heißen
wir	heißen	wir	haben	geheißen	wir	werden	heißen
ihr	heißt	ihr	habt	geheißen	ihr	werdet	heißen
sie	heißen	sie	haben	geheißen	sie	werden	heißen

Präteritum		Plusquamperfekt			Futur II			
ich	hieß	ich	hatte	geheißen	ich	werde	geheißen	haben
du	hießest	du	hattest	geheißen	du	wirst	geheißen	haben
er	hieß	er	hatte	geheißen	er	wird	geheißen	haben
wir	hießen	wir	hatten	geheißen	wir	werden	geheißen	haben
ihr	hieß(e)t	ihr	hattet	geheißen	ihr	werdet	geheißen	haben
sie	hießen	sie	hatten	geheißen	sie	werden	geheißen	haben

Konjunktiv

Konjunktiv I		Perfekt			Futur I		
ich	heiße	ich	habe	geheißen	ich	werde	heißen
du	heißest	du	habest	geheißen	du	werdest	heißen
er	heiße	er	habe	geheißen	er	werde	heißen
wir	heißen	wir	haben	geheißen	wir	werden	heißen
ihr	heißet	ihr	habet	geheißen	ihr	werdet	heißen
sie	heißen	sie	haben	geheißen	sie	werden	heißen

Konjunktiv II		Plusquamperfekt			Futur II			
ich	hieße	ich	hätte	geheißen	ich	werde	geheißen	haben
du	hießest	du	hättest	geheißen	du	werdest	geheißen	haben
er	hieße	er	hätte	geheißen	er	werde	geheißen	haben
wir	hießen	wir	hätten	geheißen	wir	werden	geheißen	haben
ihr	hießet	ihr	hättet	geheißen	ihr	werdet	geheißen	haben
sie	hießen	sie	hätten	geheißen	sie	werden	geheißen	haben

Infinitiv

Perfekt

geheißen haben

Partizip

Partizip I

heißend

Partizip II

geheißen

Imperativ

heiß(e)

heißen wir

heißt

heißen Sie

Anwendungsbeispiele

Das Gericht **heißt** Labskaus. *Das Gericht hat den Namen Labskaus.*

„Freund" **heißt** im Japanischen „Tomodachi". *„Freund" bedeutet im Japanischen „Tomodachi".*

Man **hat** ihn **geheißen**, sofort den Raum zu verlassen. *Man hat ihm befohlen, sofort den Raum zu verlassen.*

In der Zeitung **heißt** es, sie sei unverletzt. *In der Zeitung wird behauptet, sie sei unverletzt.*

Gute Noten allein **heißen** gar nichts! *Gute Noten allein besagen gar nichts!*

 Redewendungen

jmdn. willkommen heißen *jmdn. begrüßen*

 Ähnliche Verben

(sich) nennen	gutheißen
ausgeben	verheißen
bezeichnen	
titulieren	
bedeuten	
besagen	
lauten	
auferlegen	
beauftragen	
befehlen	

 Aufgepasst!

Bei Verben, die wie heißen auf -ßen enden oder auf -ssen, -sen, -xen oder -zen, fällt bei der 2. Person Singular Präsens Indikativ das -s der Personalendung weg: du heiß + st → du heißt.

Achten Sie auch auf das eingeschobene -e in der 2. Person Singular Präteritum.

 **helfen**

Stammvokalwechsel e → a → o

Indikativ ··

Präsens		Perfekt			Futur I		
ich	helfe	ich	habe	geholfen	ich	werde	helfen
du	hilfst	du	hast	geholfen	du	wirst	helfen
er	hilft	er	hat	geholfen	er	wird	helfen
wir	helfen	wir	haben	geholfen	wir	werden	helfen
ihr	helft	ihr	habt	geholfen	ihr	werdet	helfen
sie	helfen	sie	haben	geholfen	sie	werden	helfen

Präteritum		Plusquamperfekt			Futur II			
ich	half	ich	hatte	geholfen	ich	werde	geholfen	haben
du	halfst	du	hattest	geholfen	du	wirst	geholfen	haben
er	half	er	hatte	geholfen	er	wird	geholfen	haben
wir	halfen	wir	hatten	geholfen	wir	werden	geholfen	haben
ihr	halft	ihr	hattet	geholfen	ihr	werdet	geholfen	haben
sie	halfen	sie	hatten	geholfen	sie	werden	geholfen	haben

Konjunktiv ··

Konjunktiv I		Perfekt			Futur I		
ich	helfe	ich	habe	geholfen	ich	werde	helfen
du	helfest	du	habest	geholfen	du	werdest	helfen
er	helfe	er	habe	geholfen	er	werde	helfen
wir	helfen	wir	haben	geholfen	wir	werden	helfen
ihr	helfet	ihr	habet	geholfen	ihr	werdet	helfen
sie	helfen	sie	haben	geholfen	sie	werden	helfen

Konjunktiv II		Plusquamperfekt			Futur II			
ich	hülfe/hälfe	ich	hätte	geholfen	ich	werde	geholfen	haben
du	hülfest/hälfest	du	hättest	geholfen	du	werdest	geholfen	haben
er	hülfe/hälfe	er	hätte	geholfen	er	werde	geholfen	haben
wir	hülfen/hälfen	wir	hätten	geholfen	wir	werden	geholfen	haben
ihr	hülfet/hälfet	ihr	hättet	geholfen	ihr	werdet	geholfen	haben
sie	hülfen/hälfen	sie	hätten	geholfen	sie	werden	geholfen	haben

Infinitiv ············	**Partizip** ·······························	**Imperativ** ·························
Perfekt	**Partizip I**	hilf
geholfen haben	helfend	helfen wir
	Partizip II	helft
	geholfen	helfen Sie

Anwendungsbeispiele

Seine Freunde **halfen** ihm beim Umzug. *Seine Freunde packten bei seinem Umzug mit an.*
Bei Erkältungen **hilft** ein Eukalyptusbad. *Bei Erkältungen tut ein Eukalyptusbad gut.*
Klagen **hat** noch nie **geholfen**. *Klagen hat noch nie genutzt.*

 Redewendungen

auf die Beine helfen *einer Person helfen, wieder aufzustehen, einen Tiefpunkt zu überwinden*
auf die Sprünge helfen *jmdn. durch Tipps, Hinweise unterstützen*
aus der Patsche helfen *eine Person aus einer schwierigen Situation befreien*
sich nicht zu raten noch zu helfen wissen *verzweifelt sein und keinen Ausweg kennen*

 Ähnliche Verben

anpacken	aufhelfen
assistieren	aushelfen
beistehen	behelfen
unterstützen	heraushelfen
guttun	hochhelfen
nutzen	mithelfen

 Aufgepasst!

Beim Verb helfen kommt es im Präsens Indikativ zu einem Stammvokalwechsel von -e zu -i bei der 2. und 3. Person Singular (▷ Grammatik rund ums Verb, 1.1.1).
Der Konjunktiv II leitet sich vom Präteritum des Verbs ab. Beim Verb helfen wird die vom Präteritum abgeleitete Form hälfe allerdings seltener gebraucht. Meist wird hülfe verwendet oder insbesondere in der gesprochenen Sprache die würde-Form: Ich **würde** ihm aufräumen **helfen** (▷ Grammatik rund ums Verb, 3.1).

(33) kommen

Stammvokalwechsel o → a → o

Indikativ

Präsens		Perfekt			Futur I		
ich	komme	ich	bin	gekommen	ich	werde	kommen
du	kommst	du	bist	gekommen	du	wirst	kommen
er	kommt	er	ist	gekommen	er	wird	kommen
wir	kommen	wir	sind	gekommen	wir	werden	kommen
ihr	kommt	ihr	seid	gekommen	ihr	werdet	kommen
sie	kommen	sie	sind	gekommen	sie	werden	kommen

Präteritum		Plusquamperfekt			Futur II			
ich	kam	ich	war	gekommen	ich	werde	gekommen	sein
du	kamst	du	warst	gekommen	du	wirst	gekommen	sein
er	kam	er	war	gekommen	er	wird	gekommen	sein
wir	kamen	wir	waren	gekommen	wir	werden	gekommen	sein
ihr	kamt	ihr	wart	gekommen	ihr	werdet	gekommen	sein
sie	kamen	sie	waren	gekommen	sie	werden	gekommen	sein

Konjunktiv

Konjunktiv I		Perfekt			Futur I		
ich	komme	ich	sei	gekommen	ich	werde	kommen
du	kommest	du	sei(e)st	gekommen	du	werdest	kommen
er	komme	er	sei	gekommen	er	werde	kommen
wir	kommen	wir	seien	gekommen	wir	werden	kommen
ihr	kommet	ihr	sei(e)t	gekommen	ihr	werdet	kommen
sie	kommen	sie	seien	gekommen	sie	werden	kommen

Konjunktiv II		Plusquamperfekt			Futur II			
ich	käme	ich	wäre	gekommen	ich	werde	gekommen	sein
du	käm(e)st	du	wär(e)st	gekommen	du	werdest	gekommen	sein
er	käme	er	wäre	gekommen	er	werde	gekommen	sein
wir	kämen	wir	wären	gekommen	wir	werden	gekommen	sein
ihr	käm(e)t	ihr	wär(e)t	gekommen	ihr	werdet	gekommen	sein
sie	kämen	sie	wären	gekommen	sie	werden	gekommen	sein

Infinitiv

Perfekt

gekommen sein

Partizip

Partizip I

kommend

Partizip II

gekommen

Imperativ

komm(e)

kommen wir

kommt

kommen Sie

Anwendungsbeispiele

Können Sie bitte in mein Büro **kommen**? *Können Sie sich bitte in meinem Büro einfinden?*

Die Post **kam** gestern erst am Nachmittag. *Die Post traf gestern erst am Nachmittag ein.*

Bei Sonnenaufgang **kamen** die Kondore. *Bei Sonnenaufgang tauchten die Kondore auf.*

Durch eine Erbschaft **ist** er zu dieser Villa **gekommen**. *Durch eine Erbschaft hat er diese Villa gekriegt.*

 Redewendungen

wieder zu sich kommen *das Bewusstsein wiedererlangen*
jmdm. frech kommen *unverschämt werden*
zur Sprache kommen *etw. wird angesprochen*
zu Kräften kommen *wieder gesund werden*
an die Reihe kommen *der/das Nächste sein*

 Ähnliche Verben

sich einfinden	aufkommen
eintreffen	auskommen
antanzen (umgs.)	bekommen
erscheinen	beikommen
teilnehmen	durchkommen
aufsuchen	entkommen
besuchen	mitkommen
auftauchen	überkommen

 Aufgepasst!

Das Verb kommen wird im Präteritum und Konjunktiv II nur mit einem -m geschrieben, da der Stammvokal -a lang ausgesprochen wird. Nach einem langen Vokal steht normalerweise kein Doppelkonsonant.

 Tipps & Tricks

Denken Sie sich zu den vielen verschiedenen Bedeutungen und Redewendungen Situationen mit besonders lebendigen Bildern aus. Je lebendiger die visuellen Vorstellungen, desto größer ist der Lerneffekt!

34 können

Indikativ

Präsens	**Perfekt**	**Futur I**
ich kann	ich habe gekonnt	ich werde können
du kannst	du hast gekonnt	du wirst können
er kann	er hat gekonnt	er wird können
wir können	wir haben gekonnt	wir werden können
ihr könnt	ihr habt gekonnt	ihr werdet können
sie können	sie haben gekonnt	sie werden können

Präteritum	**Plusquamperfekt**	**Futur II**
ich konnte	ich hatte gekonnt	ich werde gekonnt haben
du konntest	du hattest gekonnt	du wirst gekonnt haben
er konnte	er hatte gekonnt	er wird gekonnt haben
wir konnten	wir hatten gekonnt	wir werden gekonnt haben
ihr konntet	ihr hattet gekonnt	ihr werdet gekonnt haben
sie konnten	sie hatten gekonnt	sie werden gekonnt haben

Konjunktiv

Konjunktiv I	**Perfekt**	**Futur I**
ich könne	ich habe gekonnt	ich werde können
du könnest	du habest gekonnt	du werdest können
er könne	er habe gekonnt	er werde können
wir können	wir haben gekonnt	wir werden können
ihr könnet	ihr habet gekonnt	ihr werdet können
sie können	sie haben gekonnt	sie werden können

Konjunktiv II	**Plusquamperfekt**	**Futur II**
ich könnte	ich hätte gekonnt	ich werde gekonnt haben
du könntest	du hättest gekonnt	du werdest gekonnt haben
er könnte	er hätte gekonnt	er werde gekonnt haben
wir könnten	wir hätten gekonnt	wir werden gekonnt haben
ihr könntet	ihr hättet gekonnt	ihr werdet gekonnt haben
sie könnten	sie hätten gekonnt	sie werden gekonnt haben

Infinitiv	**Partizip**	**Imperativ**
Perfekt	**Partizip I**	–
gekonnt haben	könnend	–
	Partizip II	–
	gekonnt	–

Anwendungsbeispiele

Er **konnte** schon mit vier Jahren lesen und schreiben. *Er vermochte schon mit vier Jahren zu lesen und zu schreiben.*

Ich **kann** heute nicht kommen, weil ich krank bin. *Ich bin nicht imstande zu kommen, weil ich krank bin.*

Können wir dein neues Auto mal fahren? *Dürfen wir dein neues Auto mal fahren?*

Er hat alles aufgegessen, jetzt **kann** ich wieder einkaufen gehen! *Er hat alles aufgegessen, jetzt muss ich wieder einkaufen gehen.*

Das **hätte** auch dir passieren **können**! *Das wäre auch bei dir möglich gewesen!*

 Sprichwörter

Kannst du was, dann bist du was. *Wer Talent hat, erfährt Anerkennung und Respekt.*

Glaube kann Berge versetzen. *Wer an etwas glaubt, kann viel erreichen.*

Was du heute kannst besorgen, das verschiebe nicht auf morgen. *Man soll Dinge, die man erledigen muss, nicht vor sich herschieben.*

 Ähnliche Verben

vermögen
beherrschen
verstehen
draufhaben (umgs.)
dürfen
müssen

 Gebrauch

Das Verb können gehört wie dürfen (▷ Verb, ⑱) zu den Modalverben (▷ Grammatik rund ums Verb, 1.3). In einigen wenigen Fällen wird es aber wie ein Vollverb verwendet. Dann steht im Perfekt und Plusquamperfekt das Partizip II gekonnt am Ende des Satzes: Ich **habe** das **gekonnt**. Ansonsten steht der Infinitiv: Er **hat** die Lieder nicht mehr hören **können**.

(35) laden

Stammvokalwechsel a → u → a

Indikativ

Präsens		Perfekt			Futur I		
ich	lade	ich	habe	geladen	ich	werde	laden
du	lädst	du	hast	geladen	du	wirst	laden
er	lädt	er	hat	geladen	er	wird	laden
wir	laden	wir	haben	geladen	wir	werden	laden
ihr	ladet	ihr	habt	geladen	ihr	werdet	laden
sie	laden	sie	haben	geladen	sie	werden	laden

Präteritum		Plusquamperfekt			Futur II			
ich	lud	ich	hatte	geladen	ich	werde	geladen	haben
du	lud(e)st	du	hattest	geladen	du	wirst	geladen	haben
er	lud	er	hatte	geladen	er	wird	geladen	haben
wir	luden	wir	hatten	geladen	wir	werden	geladen	haben
ihr	ludet	ihr	hattet	geladen	ihr	werdet	geladen	haben
sie	luden	sie	hatten	geladen	sie	werden	geladen	haben

Konjunktiv

Konjunktiv I		Perfekt			Futur I		
ich	lade	ich	habe	geladen	ich	werde	laden
du	ladest	du	habest	geladen	du	werdest	laden
er	lade	er	habe	geladen	er	werde	laden
wir	laden	wir	haben	geladen	wir	werden	laden
ihr	ladet	ihr	habet	geladen	ihr	werdet	laden
sie	laden	sie	haben	geladen	sie	werden	laden

Konjunktiv II		Plusquamperfekt			Futur II			
ich	lüde	ich	hätte	geladen	ich	werde	geladen	haben
du	lüdest	du	hättest	geladen	du	werdest	geladen	haben
er	lüde	er	hätte	geladen	er	werde	geladen	haben
wir	lüden	wir	hätten	geladen	wir	werden	geladen	haben
ihr	lüdet	ihr	hättet	geladen	ihr	werdet	geladen	haben
sie	lüden	sie	hätten	geladen	sie	werden	geladen	haben

Infinitiv

Perfekt

geladen haben

Partizip

Partizip I

ladend

Partizip II

geladen

Imperativ

lad(e)

laden wir

ladet

laden Sie

Anwendungsbeispiele

Wie viele Container kann dieses Schiff **laden**? *Wie viele Container kann dieses Schiff fassen?*

Das Obst **wurde** aus dem Transporter **geladen**. *Das Obst wurde aus dem Transporter geholt.*

Der Landwirt **lädt** den Zaun mit 14,4 Volt. *Der Landwirt elektrisiert den Zaun mit 14,4 Volt.*

Am folgenden Tag **wird** der Zeuge **geladen**. *Am folgenden Tag wird der Zeuge gerufen.*

 Redewendungen

sich etw. auf den Hals laden *Arbeit und Verantwortung auf sich nehmen*

sich den Teufel auf den Hals laden *sich großen Ärger einhandeln*

Schuld auf sich laden *schuldig werden*

Verantwortung auf sich laden *für etw. verantwortlich werden*

 Ähnliche Verben

unterbringen	abladen
verstauen	aufladen
aufnehmen	ausladen
fassen	beladen
befrachten	einladen
bepacken	entladen
elektrisieren	verladen
kommen lassen	(he)runterladen
rufen	hochladen

 Aufgepasst!

Bei dem Verb laden wird im Präsens und Präteritum Indikativ in der 2. Person Plural ein -e eingeschoben, jedoch nicht im Präsens in der 2. und 3. Person Singular: du lä**dst**, er lä**dt** (gesprochen wird nur -t).

(36) lassen

Stammvokalwechsel a → ie → a

Indikativ

Präsens		Perfekt			Futur I		
ich	lasse	ich	habe	gelassen	ich	werde	lassen
du	lässt	du	hast	gelassen	du	wirst	lassen
er	lässt	er	hat	gelassen	er	wird	lassen
wir	lassen	wir	haben	gelassen	wir	werden	lassen
ihr	lasst	ihr	habt	gelassen	ihr	werdet	lassen
sie	lassen	sie	haben	gelassen	sie	werden	lassen

Präteritum		Plusquamperfekt			Futur II			
ich	ließ	ich	hatte	gelassen	ich	werde	gelassen	haben
du	ließest	du	hattest	gelassen	du	wirst	gelassen	haben
er	ließ	er	hatte	gelassen	er	wird	gelassen	haben
wir	ließen	wir	hatten	gelassen	wir	werden	gelassen	haben
ihr	ließ(e)t	ihr	hattet	gelassen	ihr	werdet	gelassen	haben
sie	ließen	sie	hatten	gelassen	sie	werden	gelassen	haben

Konjunktiv

Konjunktiv I		Perfekt			Futur I		
ich	lasse	ich	habe	gelassen	ich	werde	lassen
du	lassest	du	habest	gelassen	du	werdest	lassen
er	lasse	er	habe	gelassen	er	werde	lassen
wir	lassen	wir	haben	gelassen	wir	werden	lassen
ihr	lasset	ihr	habet	gelassen	ihr	werdet	lassen
sie	lassen	sie	haben	gelassen	sie	werden	lassen

Konjunktiv II		Plusquamperfekt			Futur II			
ich	ließe	ich	hätte	gelassen	ich	werde	gelassen	haben
du	ließest	du	hättest	gelassen	du	werdest	gelassen	haben
er	ließe	er	hätte	gelassen	er	werde	gelassen	haben
wir	ließen	wir	hätten	gelassen	wir	werden	gelassen	haben
ihr	ließet	ihr	hättet	gelassen	ihr	werdet	gelassen	haben
sie	ließen	sie	hätten	gelassen	sie	werden	gelassen	haben

Infinitiv

Perfekt

gelassen haben

Partizip

Partizip I

lassend

Partizip II

gelassen

Imperativ

lass(e)

lassen wir

lasst

lassen Sie

Anwendungsbeispiele

Er **lässt** seinen Hund auf dem Sofa liegen. *Er erlaubt seinem Hund, auf dem Sofa zu liegen.*

Die Zuschauer **werden** erst kurz vor der Vorstellung in den Saal **gelassen**. *Den Zuschauern wird erst kurz vor der Vorstellung gestattet, den Saal zu betreten.*

Nach drei Niederlagen **ließ** er das Schachspielen. *Nach drei Niederlagen hörte er mit dem Schachspielen auf.*

Ich **habe** mir die Koffer aufs Zimmer bringen **lassen**. *Ich habe die Koffer nicht selbst aufs Zimmer gebracht.*

Mit einem Kellnermesser **lassen** sich Weinflaschen leicht öffnen. *Mit einem Kellnermesser können Weinflaschen leicht geöffnet werden.*

 Redewendungen

jmdm. etw. lassen müssen *jmdm. etw. zugestehen müssen*
es nicht lassen können *nicht aufhören, etw. Falsches zu tun*
etw. sein lassen *etw. nicht länger tun*
außer Acht lassen *nicht berücksichtigen*

 Ähnliche Verben

anordnen	ablassen
beauftragen	auslassen
bewirken	belassen
akzeptieren	einlassen
erlauben	entlassen
aufhören	ver(an)lassen
vergessen	zulassen
abgeben	zurücklassen

 Aufgepasst!

Da sich der Stammvokal im Präteritum, Konjunktiv II von einem kurzem Vokal (**lassen**) zu einem langen Vokal (**ließ**, **ließe**) ändert, schreibt man -ß.

 **laufen**   Stammvokalwechsel au → ie → au

Indikativ

Präsens		Perfekt			Futur I		
ich	laufe	ich	bin	gelaufen	ich	werde	laufen
du	läufst	du	bist	gelaufen	du	wirst	laufen
er	läuft	er	ist	gelaufen	er	wird	laufen
wir	laufen	wir	sind	gelaufen	wir	werden	laufen
ihr	lauft	ihr	seid	gelaufen	ihr	werdet	laufen
sie	laufen	sie	sind	gelaufen	sie	werden	laufen

Präteritum		Plusquamperfekt			Futur II			
ich	lief	ich	war	gelaufen	ich	werde	gelaufen	sein
du	liefst	du	warst	gelaufen	du	wirst	gelaufen	sein
er	lief	er	war	gelaufen	er	wird	gelaufen	sein
wir	liefen	wir	waren	gelaufen	wir	werden	gelaufen	sein
ihr	lieft	ihr	wart	gelaufen	ihr	werdet	gelaufen	sein
sie	liefen	sie	waren	gelaufen	sie	werden	gelaufen	sein

Konjunktiv

Konjunktiv I		Perfekt			Futur I		
ich	laufe	ich	sei	gelaufen	ich	werde	laufen
du	laufest	du	sei(e)st	gelaufen	du	werdest	laufen
er	laufe	er	sei	gelaufen	er	werde	laufen
wir	laufen	wir	seien	gelaufen	wir	werden	laufen
ihr	laufet	ihr	sei(e)t	gelaufen	ihr	werdet	laufen
sie	laufen	sie	seien	gelaufen	sie	werden	laufen

Konjunktiv II		Plusquamperfekt			Futur II			
ich	liefe	ich	wäre	gelaufen	ich	werde	gelaufen	sein
du	liefest	du	wär(e)st	gelaufen	du	werdest	gelaufen	sein
er	liefe	er	wäre	gelaufen	er	werde	gelaufen	sein
wir	liefen	wir	wären	gelaufen	wir	werden	gelaufen	sein
ihr	liefet	ihr	wär(e)t	gelaufen	ihr	werdet	gelaufen	sein
sie	liefen	sie	wären	gelaufen	sie	werden	gelaufen	sein

Infinitiv	Partizip	Imperativ
Perfekt	**Partizip I**	lauf(e)
gelaufen sein/haben	laufend	laufen wir
	Partizip II	lauft
	gelaufen	laufen Sie

Anwendungsbeispiele

In diesen Schuhen kann ich nicht schnell **laufen**. *In diesen Schuhen kann ich nicht schnell **rennen**.*

Wollen wir **laufen** oder nehmen wir das Auto? *Wollen wir **zu Fuß gehen** oder nehmen wir das Auto?*

Läuft dein DVD-Player wieder? ***Funktioniert** dein DVD-Player wieder?*

Das Vorstellungsgespräch **ist** gut **gelaufen**. *Das Vorstellungsgespräch **ist** gut **vonstattengegangen**.*

Ihr Abo **lief** noch bis letzte Woche. *Ihr Abo **galt** noch bis letzte Woche.*

Ich möchte mal wissen, was da **läuft**. *Ich möchte mal wissen, was da **geschieht**.*

 Redewendungen

wie geschmiert laufen *sehr gut funktionieren*
jmdn. laufen lassen *jmdn. wieder freilassen*
jmdm. in die Arme laufen *jmdm. zufällig begegnen*

 Ähnliche Verben

eilen	anlaufen
rennen	ablaufen
(spazieren) gehen	belaufen
funktionieren	entlaufen
sich erstrecken	fortlaufen
geschehen	verlaufen
gelten	zurücklaufen

Gebrauch

Wenn man beschreiben will, in welchen Zustand etwas oder eine Person während des Laufens gerät, wird im Perfekt und Plusquamperfekt das Hilfsverb haben verwendet:

Sie **hat** sich die Füße wund **gelaufen**.
Vor dem Wettkampf **hat** er sich warm **gelaufen**.

(38) leiden

Stammvokalwechsel ei → i → i

Indikativ

Präsens		Perfekt			Futur I		
ich	leide	ich	habe	gelitten	ich	werde	leiden
du	leidest	du	hast	gelitten	du	wirst	leiden
er	leidet	er	hat	gelitten	er	wird	leiden
wir	leiden	wir	haben	gelitten	wir	werden	leiden
ihr	leidet	ihr	habt	gelitten	ihr	werdet	leiden
sie	leiden	sie	haben	gelitten	sie	werden	leiden

Präteritum		Plusquamperfekt			Futur II			
ich	litt	ich	hatte	gelitten	ich	werde	gelitten	haben
du	litt(e)st	du	hattest	gelitten	du	wirst	gelitten	haben
er	litt	er	hatte	gelitten	er	wird	gelitten	haben
wir	litten	wir	hatten	gelitten	wir	werden	gelitten	haben
ihr	littet	ihr	hattet	gelitten	ihr	werdet	gelitten	haben
sie	litten	sie	hatten	gelitten	sie	werden	gelitten	haben

Konjunktiv

Konjunktiv I		Perfekt			Futur I		
ich	leide	ich	habe	gelitten	ich	werde	leiden
du	leidest	du	habest	gelitten	du	werdest	leiden
er	leide	er	habe	gelitten	er	werde	leiden
wir	leiden	wir	haben	gelitten	wir	werden	leiden
ihr	leidet	ihr	habet	gelitten	ihr	werdet	leiden
sie	leiden	sie	haben	gelitten	sie	werden	leiden

Konjunktiv II		Plusquamperfekt			Futur II			
ich	litte	ich	hätte	gelitten	ich	werde	gelitten	haben
du	littest	du	hättest	gelitten	du	werdest	gelitten	haben
er	litte	er	hätte	gelitten	er	werde	gelitten	haben
wir	litten	wir	hätten	gelitten	wir	werden	gelitten	haben
ihr	littet	ihr	hättet	gelitten	ihr	werdet	gelitten	haben
sie	litten	sie	hätten	gelitten	sie	werden	gelitten	haben

Infinitiv

Perfekt

gelitten haben

Partizip

Partizip I

leidend

Partizip II

gelitten

Imperativ

leide

leiden wir

leidet

leiden Sie

Anwendungsbeispiele

Nachdem sie ihn verlassen hatte, **litt** er sehr. *Nachdem sie ihn verlassen hatte, machte er eine schwere Zeit durch.*

Die Pflanzen **haben** sehr stark unter der Trockenheit **gelitten**. *Die Pflanzen haben durch die Trockenheit Schaden genommen.*

Besonders Frauen **leiden an** Migräne. *Besonders Frauen plagen sich mit Migräne herum.*

Ich kann den Geruch von Lavendel nicht **leiden**. *Ich kann den Geruch von Lavendel nicht ertragen.*

 Redewendungen

(gut) leiden können *gern mögen*
leiden wie ein Hund *sehr stark leiden*
Hunger leiden *über längere Zeit sehr hungrig sein*
Aufschub leiden *Aufschub dulden*

 Ähnliche Verben

sich quälen	erleiden
durchmachen	bemitleiden
sich herumplagen	
kranken an	
darniederliegen	
erdulden	
ertragen	

 Aufgepasst!

Im Präteritum, Konjunktiv II und Partizip II schreibt man -tt, da es im Deutschen nach einem kurzen Stammvokal fast immer zu einer Konsonantendopplung kommt. Da der Verbstamm auf -d endet, wird im Indikativ in der 2. und 3. Person Singular und in der 2. Person Plural im Präsens und Präteritum ein -e eingefügt (▷ Grammatik rund ums Verb, 1.1.1).

 leihen

Stammvokalwechsel ei → ie → ie

Indikativ

Präsens		Perfekt			Futur I		
ich	leihe	ich	habe	geliehen	ich	werde	leihen
du	leihst	du	hast	geliehen	du	wirst	leihen
er	leiht	er	hat	geliehen	er	wird	leihen
wir	leihen	wir	haben	geliehen	wir	werden	leihen
ihr	leiht	ihr	habt	geliehen	ihr	werdet	leihen
sie	leihen	sie	haben	geliehen	sie	werden	leihen

Präteritum		Plusquamperfekt			Futur II			
ich	lieh	ich	hatte	geliehen	ich	werde	geliehen	haben
du	liehst	du	hattest	geliehen	du	wirst	geliehen	haben
er	lieh	er	hatte	geliehen	er	wird	geliehen	haben
wir	liehen	wir	hatten	geliehen	wir	werden	geliehen	haben
ihr	lieht	ihr	hattet	geliehen	ihr	werdet	geliehen	haben
sie	liehen	sie	hatten	geliehen	sie	werden	geliehen	haben

Konjunktiv

Konjunktiv I		Perfekt			Futur I		
ich	leihe	ich	habe	geliehen	ich	werde	leihen
du	leihest	du	habest	geliehen	du	werdest	leihen
er	leihe	er	habe	geliehen	er	werde	leihen
wir	leihen	wir	haben	geliehen	wir	werden	leihen
ihr	leihet	ihr	habet	geliehen	ihr	werdet	leihen
sie	leihen	sie	haben	geliehen	sie	werden	leihen

Konjunktiv II		Plusquamperfekt			Futur II			
ich	liehe	ich	hätte	geliehen	ich	werde	geliehen	haben
du	liehest	du	hättest	geliehen	du	werdest	geliehen	haben
er	liehe	er	hätte	geliehen	er	werde	geliehen	haben
wir	liehen	wir	hätten	geliehen	wir	werden	geliehen	haben
ihr	liehet	ihr	hättet	geliehen	ihr	werdet	geliehen	haben
sie	liehen	sie	hätten	geliehen	sie	werden	geliehen	haben

Infinitiv

Perfekt
geliehen haben

Partizip

Partizip I
leihend

Partizip II
geliehen

Imperativ

leih(e)
leihen wir
leiht
leihen Sie

Anwendungsbeispiele

Mein Fahrrad ist kaputt. **Leihst** du mir deins? *Mein Fahrrad ist kaputt. Gibst du mir deins?*
Die Bank **lieh** ihnen 20.000 Euro. *Die Bank gewährte ihnen 20.000 Euro Kredit.*
Für den Campingurlaub **hat** sie **sich** ein gutes Zelt **geliehen.** *Für den Campingurlaub hat sie sich ein gutes Zelt geborgt.*

 Redewendungen

jmdm. sein Ohr leihen *jmdm. zuhören*
jmdm. Beistand leihen *jmdm. Beistand gewähren*

 Ähnliche Verben

aushelfen	ausleihen
auslegen	entleihen
borgen	verleihen
(heraus)geben	
überlassen	
pumpen (umgs.)	
anbieten	
bereitstellen	
gewähren	
offerieren	

 Gebrauch

Im Deutschen wird das Verb leihen unabhängig davon gebraucht, ob man für das Leihen eine Gebühr bezahlt oder ob man etwas z. B. von einem Freund oder Bekannten borgt, der dafür kein Geld verlangt. In diesen Fällen ist das Verb leihen allerdings reflexiv:
Kann ich **mir** das Buch von dir **leihen**?
Nicht reflexiv ist das Verb in der Bedeutung *jmdm. mit etw. aushelfen:*
Er **lieh** ihr seine warme Jacke.

 Tipps & Tricks

Weitere Verben, die wie leihen konjugiert werden, sind: gedeihen und verzeihen sowie die Verben ausleihen, entleihen und verleihen.

40 lesen

Stammvokalwechsel e → a → e

Indikativ

Präsens		Perfekt			Futur I		
ich	lese	ich	habe	gelesen	ich	werde	lesen
du	liest	du	hast	gelesen	du	wirst	lesen
er	liest	er	hat	gelesen	er	wird	lesen
wir	lesen	wir	haben	gelesen	wir	werden	lesen
ihr	lest	ihr	habt	gelesen	ihr	werdet	lesen
sie	lesen	sie	haben	gelesen	sie	werden	lesen

Präteritum		Plusquamperfekt			Futur II			
ich	las	ich	hatte	gelesen	ich	werde	gelesen	haben
du	lasest	du	hattest	gelesen	du	wirst	gelesen	haben
er	las	er	hatte	gelesen	er	wird	gelesen	haben
wir	lasen	wir	hatten	gelesen	wir	werden	gelesen	haben
ihr	las(e)t	ihr	hattet	gelesen	ihr	werdet	gelesen	haben
sie	lasen	sie	hatten	gelesen	sie	werden	gelesen	haben

Konjunktiv

Konjunktiv I		Perfekt			Futur I		
ich	lese	ich	habe	gelesen	ich	werde	lesen
du	lesest	du	habest	gelesen	du	werdest	lesen
er	lese	er	habe	gelesen	er	werde	lesen
wir	lesen	wir	haben	gelesen	wir	werden	lesen
ihr	leset	ihr	habet	gelesen	ihr	werdet	lesen
sie	lesen	sie	haben	gelesen	sie	werden	lesen

Konjunktiv II		Plusquamperfekt			Futur II			
ich	läse	ich	hätte	gelesen	ich	werde	gelesen	haben
du	läsest	du	hättest	gelesen	du	werdest	gelesen	haben
er	läse	er	hätte	gelesen	er	werde	gelesen	haben
wir	läsen	wir	hätten	gelesen	wir	werden	gelesen	haben
ihr	läset	ihr	hättet	gelesen	ihr	werdet	gelesen	haben
sie	läsen	sie	hätten	gelesen	sie	werden	gelesen	haben

Infinitiv	Partizip	Imperativ
Perfekt	**Partizip I**	lies
gelesen haben	lesend	lesen wir
	Partizip II	lest
	gelesen	lesen Sie

Anwendungsbeispiele

Sie **liest** in der U-Bahn immer eine Zeitschrift. *Sie schmökert in der U-Bahn immer in einer Zeitschrift.*
Die Schüler **lesen** den Text mit verteilten Rollen. *Die Schüler tragen den Text mit verteilten Rollen vor.*
Letztes Semester **las** er als Gastprofessor an der Harvard Universität. *Letztes Semester lehrte er als Gastprofessor an der Harvard Universität.*
Zu dieser Jahreszeit **wird** der Wein **gelesen**. *Zu dieser Jahreszeit wird der Wein geerntet.*

 Redewendungen

Gedanken lesen können *wissen, was eine andere Person denkt*
jmdm. die Leviten lesen *jmdn. zurechtweisen, der sich falsch verhalten hat*
jmdm. aus der Hand lesen *jmdm. die Zukunft durch Betrachten der Handlinien vorhersagen*
zwischen den Zeilen lesen *auch verstehen, was nicht explizit geschrieben oder gesagt wurde*

 Ähnliche Verben

durcharbeiten	ablesen
entziffern	auflesen
schmökern	durchlesen
vortragen	mitlesen
lehren	verlesen
aufsammeln	vorlesen
ernten	

 Aufgepasst!

Im Indikativ entfällt in der 2. Person Singular Präsens das -s der Personalendung. Somit sind die Formen der 2. und 3. Person identisch: **du liest**, er lie**st**. Achten Sie auch auf das eingeschobene -e in der 2. Person Singular Präteritum.

(41) liegen

Stammvokalwechsel ie → a → e

Indikativ

Präsens	Perfekt		Futur I	
ich liege	ich habe	gelegen	ich werde	liegen
du liegst	du hast	gelegen	du wirst	liegen
er liegt	er hat	gelegen	er wird	liegen
wir liegen	wir haben	gelegen	wir werden	liegen
ihr liegt	ihr habt	gelegen	ihr werdet	liegen
sie liegen	sie haben	gelegen	sie werden	liegen

Präteritum	Plusquamperfekt		Futur II		
ich lag	ich hatte	gelegen	ich werde	gelegen	haben
du lagst	du hattest	gelegen	du wirst	gelegen	haben
er lag	er hatte	gelegen	er wird	gelegen	haben
wir lagen	wir hatten	gelegen	wir werden	gelegen	haben
ihr lagt	ihr hattet	gelegen	ihr werdet	gelegen	haben
sie lagen	sie hatten	gelegen	sie werden	gelegen	haben

Konjunktiv

Konjunktiv I	Perfekt		Futur I	
ich liege	ich habe	gelegen	ich werde	liegen
du liegest	du habest	gelegen	du werdest	liegen
er liege	er habe	gelegen	er werde	liegen
wir liegen	wir haben	gelegen	wir werden	liegen
ihr lieget	ihr habet	gelegen	ihr werdet	liegen
sie liegen	sie haben	gelegen	sie werden	liegen

Konjunktiv II	Plusquamperfekt		Futur II		
ich läge	ich hätte	gelegen	ich werde	gelegen	haben
du lägest	du hättest	gelegen	du werdest	gelegen	haben
er läge	er hätte	gelegen	er werde	gelegen	haben
wir lägen	wir hätten	gelegen	wir werden	gelegen	haben
ihr läget	ihr hättet	gelegen	ihr werdet	gelegen	haben
sie lägen	sie hätten	gelegen	sie werden	gelegen	haben

Infinitiv

Perfekt

gelegen haben/sein

Partizip

Partizip I

liegend

Partizip II

gelegen

Imperativ

lieg(e)

liegen wir

liegt

liegen Sie

Anwendungsbeispiele

Sie war krank und **lag** im Bett. *Sie war krank und **ruhte** im Bett.*

Hamburg und Dresden **liegen** an der Elbe. *Hamburg und Dresden **befinden sich** an der Elbe.*

Die Lüneburger Heide **liegt** zwischen Harburg und Celle. *Die Lüneburger Heide **erstreckt sich** von Harburg bis Celle.*

Klavier spielen **lag** ihm nicht, aber er spielte gern Geige. *Klavier spielen **gefiel** ihm nicht, aber er spielte gern Geige.*

Dass es uns hier so gut gefällt, **liegt an** der schönen Atmosphäre. *Dass es uns hier so gut gefällt, **kommt von** der schönen Atmosphäre.*

 Redewendungen

alles stehen und liegen lassen *eine Beschäftigung abrupt unterbrechen, weil plötzlich etw. Wichtigeres zu tun ist*

im Argen liegen *nicht in Ordnung sein*

auf der faulen Haut liegen *für eine gewisse Zeit sehr faul sein*

gut in der Zeit liegen *die zeitlichen Vorgaben einhalten, nicht spät dran sein*

sich in den Haaren liegen *Streit miteinander haben*

 Ähnliche Verben

ruhen	anliegen
sich befinden	aufliegen
sich erstrecken	beiliegen
kommen von	erliegen
behagen	unterliegen
entsprechen	vorliegen
gefallen	zurückliegen

 Aufgepasst!

In Süddeutschland, Österreich und der Schweiz wird das Verb liegen im Perfekt und Plusquamperfekt meist mit dem Hilfsverb sein gebildet.

42 lügen

Stammvokalwechsel ü → o → o

Indikativ

Präsens		Perfekt			Futur I		
ich	lüge	ich	habe	gelogen	ich	werde	lügen
du	lügst	du	hast	gelogen	du	wirst	lügen
er	lügt	er	hat	gelogen	er	wird	lügen
wir	lügen	wir	haben	gelogen	wir	werden	lügen
ihr	lügt	ihr	habt	gelogen	ihr	werdet	lügen
sie	lügen	sie	haben	gelogen	sie	werden	lügen

Präteritum		Plusquamperfekt			Futur II			
ich	log	ich	hatte	gelogen	ich	werde	gelogen	haben
du	logst	du	hattest	gelogen	du	wirst	gelogen	haben
er	log	er	hatte	gelogen	er	wird	gelogen	haben
wir	logen	wir	hatten	gelogen	wir	werden	gelogen	haben
ihr	logt	ihr	hattet	gelogen	ihr	werdet	gelogen	haben
sie	logen	sie	hatten	gelogen	sie	werden	gelogen	haben

Konjunktiv

Konjunktiv I		Perfekt			Futur I		
ich	lüge	ich	habe	gelogen	ich	werde	lügen
du	lügest	du	habest	gelogen	du	werdest	lügen
er	lüge	er	habe	gelogen	er	werde	lügen
wir	lügen	wir	haben	gelogen	wir	werden	lügen
ihr	lüget	ihr	habet	gelogen	ihr	werdet	lügen
sie	lügen	sie	haben	gelogen	sie	werden	lügen

Konjunktiv II		Plusquamperfekt			Futur II			
ich	löge	ich	hätte	gelogen	ich	werde	gelogen	haben
du	lögest	du	hättest	gelogen	du	werdest	gelogen	haben
er	löge	er	hätte	gelogen	er	werde	gelogen	haben
wir	lögen	wir	hätten	gelogen	wir	werden	gelogen	haben
ihr	löget	ihr	hättet	gelogen	ihr	werdet	gelogen	haben
sie	lögen	sie	hätten	gelogen	sie	werden	gelogen	haben

Infinitiv

Perfekt

gelogen haben

Partizip

Partizip I

lügend

Partizip II

gelogen

Imperativ

lüg(e)

lügen wir

lügt

lügen Sie

Anwendungsbeispiele

Das stimmt ja gar nicht, du **lügst**! *Das stimmt ja gar nicht, du sagst nicht die Wahrheit!*

Sie glaubt ihm nicht mehr, da er zu oft **gelogen hat**. *Sie glaubt ihm nicht mehr, da er zu oft geschwindelt hat.*

Er **log** vor Gericht. *Er sagte vor Gericht die Unwahrheit.*

Sie **hat gelogen**, als sie von dem unglaublichen Angebot sprach. *Sie hat dich getäuscht, als sie von dem unglaublichen Angebot sprach.*

 Redewendungen

jmdm. ins Gesicht lügen *jmdn. ganz frech anlügen*

wie gedruckt lügen *hemmungslos lügen*

das Blaue vom Himmel lügen *ohne Hemmungen lügen*

sich in die eigene Tasche lügen *sich etw. vormachen, sich selbst belügen*

jmdm. die Hucke volllügen *jmdn. gründlich anschwindeln*

 Ähnliche Verben

flunkern	anlügen
schwindeln	belügen
täuschen	erlügen
mogeln	vorlügen
schummeln	
erdichten	
verdrehen	

 Gebrauch

Das Verb lügen ist intransitiv. Wenn man eine Person, der eine Lüge erzählt wird/ wurde, als Akkusativergänzung hinzufügen möchte, verwendet man die Verben belügen oder anlügen. Diese Verben sind transitiv:

Der Student **hat** seinen Professor **angelogen**.

Du **hast** mich nach Strich und Faden **belogen**!

 Tipps & Tricks

Lernen Sie auch andere Verben mit dem gleichen Konjugationsmuster mit. Wie das Verb lügen werden auch anlügen, belügen, trügen und betrügen konjugiert.

43 mögen

Indikativ

Präsens		Perfekt			Futur I		
ich	mag	ich	habe	gemocht	ich	werde	mögen
du	magst	du	hast	gemocht	du	wirst	mögen
er	mag	er	hat	gemocht	er	wird	mögen
wir	mögen	wir	haben	gemocht	wir	werden	mögen
ihr	mögt	ihr	habt	gemocht	ihr	werdet	mögen
sie	mögen	sie	haben	gemocht	sie	werden	mögen

Präteritum		Plusquamperfekt			Futur II			
ich	mochte	ich	hatte	gemocht	ich	werde	gemocht	haben
du	mochtest	du	hattest	gemocht	du	wirst	gemocht	haben
er	mochte	er	hatte	gemocht	er	wird	gemocht	haben
wir	mochten	wir	hatten	gemocht	wir	werden	gemocht	haben
ihr	mochtet	ihr	hattet	gemocht	ihr	werdet	gemocht	haben
sie	mochten	sie	hatten	gemocht	sie	werden	gemocht	haben

Konjunktiv

Konjunktiv I		Perfekt			Futur I		
ich	möge	ich	habe	gemocht	ich	werde	mögen
du	mögest	du	habest	gemocht	du	werdest	mögen
er	möge	er	habe	gemocht	er	werde	mögen
wir	mögen	wir	haben	gemocht	wir	werden	mögen
ihr	möget	ihr	habet	gemocht	ihr	werdet	mögen
sie	mögen	sie	haben	gemocht	sie	werden	mögen

Konjunktiv II		Plusquamperfekt			Futur II			
ich	möchte	ich	hätte	gemocht	ich	werde	gemocht	haben
du	möchtest	du	hättest	gemocht	du	werdest	gemocht	haben
er	möchte	er	hätte	gemocht	er	werde	gemocht	haben
wir	möchten	wir	hätten	gemocht	wir	werden	gemocht	haben
ihr	möchtet	ihr	hättet	gemocht	ihr	werdet	gemocht	haben
sie	möchten	sie	hätten	gemocht	sie	werden	gemocht	haben

Infinitiv

Perfekt

gemocht haben

Partizip

Partizip I

mögend

Partizip II

gemocht

Imperativ

mögest du

mögen wir

mögt ihr

mögen Sie

Anwendungsbeispiele

Ich **möchte** heute in die Sauna gehen. *Ich will heute in die Sauna gehen.*
Es **mag** sein, dass er diesmal gewinnt. *Es ist möglich, dass er diesmal gewinnt.*
Die Jugendlichen **mögen** diesen Sänger sehr. *Die Jugendlichen schwärmen für diesen Sänger.*
Früher **mochte** sie keine klassische Musik. *Früher stand sie nicht auf klassische Musik.*

 Sprichwörter

bei etw. Mäuschen sein mögen *etw. heimlich beobachten/belauschen wollen*
(gut) leiden mögen *gern mögen, gern haben*
etw. nicht mit der Beißzange/Kneifzange anfassen mögen *etw. ekelig finden, stark ablehnen*

  Ähnliche Verben

sich begeistern	vermögen
gefallen	
lieben	
stehen auf (umgs.)	
wollen	

 Gebrauch

Das Verb mögen gehört zu den Modalverben (▷ Grammatik rund ums Verb, **1.3**).
Es kann aber auch als Vollverb verwendet werden. Als Modalverb steht im
Perfekt und Präteritum der Infinitiv statt des Partizips:
Er hat den Film gern sehen **mögen**.
Als Vollverb steht im Perfekt und Plusquamperfekt das Partizip II:
Er hat Rinderroulade noch nie **gemocht**.
Insbesondere in der Verwendung als Modalverb wird statt des Präsens meist die
Konjunktiv II-Form möchte und im Präteritum wollen verwendet.
Der Imperativ von mögen wird nur in der gehobenen Sprache verwendet.

44 müssen

Indikativ

Präsens		Perfekt			Futur I		
ich	muss	ich	habe	gemusst	ich	werde	müssen
du	musst	du	hast	gemusst	du	wirst	müssen
er	muss	er	hat	gemusst	er	wird	müssen
wir	müssen	wir	haben	gemusst	wir	werden	müssen
ihr	müsst	ihr	habt	gemusst	ihr	werdet	müssen
sie	müssen	sie	haben	gemusst	sie	werden	müssen

Präteritum		Plusquamperfekt			Futur II			
ich	musste	ich	hatte	gemusst	ich	werde	gemusst	haben
du	musstest	du	hattest	gemusst	du	wirst	gemusst	haben
er	musste	er	hatte	gemusst	er	wird	gemusst	haben
wir	mussten	wir	hatten	gemusst	wir	werden	gemusst	haben
ihr	musstet	ihr	hattet	gemusst	ihr	werdet	gemusst	haben
sie	mussten	sie	hatten	gemusst	sie	werden	gemusst	haben

Konjunktiv

Konjunktiv I		Perfekt			Futur I		
ich	müsse	ich	habe	gemusst	ich	werde	müssen
du	müssest	du	habest	gemusst	du	werdest	müssen
er	müsse	er	habe	gemusst	er	werde	müssen
wir	müssen	wir	haben	gemusst	wir	werden	müssen
ihr	müsset	ihr	habet	gemusst	ihr	werdet	müssen
sie	müssen	sie	haben	gemusst	sie	werden	müssen

Konjunktiv II		Plusquamperfekt			Futur II			
ich	müsste	ich	hätte	gemusst	ich	werde	gemusst	haben
du	müsstest	du	hättest	gemusst	du	werdest	gemusst	haben
er	müsste	er	hätte	gemusst	er	werde	gemusst	haben
wir	müssten	wir	hätten	gemusst	wir	werden	gemusst	haben
ihr	müsstet	ihr	hättet	gemusst	ihr	werdet	gemusst	haben
sie	müssten	sie	hätten	gemusst	sie	werden	gemusst	haben

Infinitiv

Perfekt

gemusst haben

Partizip

Partizip I

müssend

Partizip II

gemusst

Imperativ

–

–

–

–

Anwendungsbeispiele

Sie **muss** 38 Stunden pro Woche arbeiten. *Sie ist verpflichtet, 38 Stunden pro Woche zu arbeiten.*
Sie **müssen** aber sehr gesund sein! *Ich nehme an, dass Sie sehr gesund sind.*
Er **müsste** eigentlich schon längst da sein. *Er sollte eigentlich schon längst da sein.*
Der Brief **muss** heute noch zur Post. *Es ist notwendig, dass der Brief heute noch zur Post gebracht wird.*

 Redewendungen

Lehrgeld zahlen müssen *durch Schaden lernen*
das Bett hüten müssen *wegen Krankheit im Bett bleiben müssen*
die Zeche bezahlen müssen *die Folgen tragen müssen*
sich warm anziehen müssen *sich auf etw. Unerfreuliches einstellen müssen*
passen müssen *aufgeben, die Antwort nicht kennen*
ausbaden müssen *für ein unangenehmes Ereignis die Folgen tragen müssen*

 Ähnliche Verben

sich gezwungen sehen
verpflichtet sein
sich verpflichtet fühlen

 Aufgepasst!

Das Verb müssen ist ein Modalverb (▷ Grammatik rund ums Verb, 1.3) und drückt eine Notwendigkeit, Aufforderung oder eine sichere Vermutung aus. Normalerweise steht es mit einem Infinitiv am Satzende. Es kann aber in einigen Fällen auch allein stehen. Dann verwendet man im Perfekt oder Plusquamperfekt das Partizip II gemusst:
Das Kind hat auf die Toilette **gemusst**.
Ansonsten steht das Modalverb im Infinitiv am Ende des Satzes: Ich habe noch einmal zurückgehen **müssen**.

45 nennen

Stammvokalwechsel e → a → a

Indikativ

Präsens
ich	nenne
du	nennst
er	nennt
wir	nennen
ihr	nennt
sie	nennen

Perfekt
ich	habe	genannt
du	hast	genannt
er	hat	genannt
wir	haben	genannt
ihr	habt	genannt
sie	haben	genannt

Futur I
ich	werde	nennen
du	wirst	nennen
er	wird	nennen
wir	werden	nennen
ihr	werdet	nennen
sie	werden	nennen

Präteritum
ich	nannte
du	nanntest
er	nannte
wir	nannten
ihr	nanntet
sie	nannten

Plusquamperfekt
ich	hatte	genannt
du	hattest	genannt
er	hatte	genannt
wir	hatten	genannt
ihr	hattet	genannt
sie	hatten	genannt

Futur II
ich	werde	genannt	haben
du	wirst	genannt	haben
er	wird	genannt	haben
wir	werden	genannt	haben
ihr	werdet	genannt	haben
sie	werden	genannt	haben

Konjunktiv

Konjunktiv I
ich	nenne
du	nennest
er	nenne
wir	nennen
ihr	nennet
sie	nennen

Perfekt
ich	habe	genannt
du	habest	genannt
er	habe	genannt
wir	haben	genannt
ihr	habet	genannt
sie	haben	genannt

Futur I
ich	werde	nennen
du	werdest	nennen
er	werde	nennen
wir	werden	nennen
ihr	werdet	nennen
sie	werden	nennen

Konjunktiv II
ich	nennte
du	nenntest
er	nennte
wir	nennten
ihr	nenntet
sie	nennten

Plusquamperfekt
ich	hätte	genannt
du	hättest	genannt
er	hätte	genannt
wir	hätten	genannt
ihr	hättet	genannt
sie	hätten	genannt

Futur II
ich	werde	genannt	haben
du	werdest	genannt	haben
er	werde	genannt	haben
wir	werden	genannt	haben
ihr	werdet	genannt	haben
sie	werden	genannt	haben

Infinitiv
Perfekt
genannt haben

Partizip
Partizip I
nennend

Partizip II
genannt

Imperativ
nenn(e)
nennen wir
nennt
nennen Sie

Anwendungsbeispiele

Sie **nannten** ihren Sohn nach seinem Großvater. *Sie gaben ihrem Sohn den Namen seines Großvaters.*
Der Täter wollte den Grund für den Überfall nicht **nennen**. *Der Täter wollte den Grund für den Überfall nicht angeben.*
Das Kind kann alle Spieler der Nationalmannschaft **nennen**. *Das Kind kann alle Spieler der Nationalmannschaft auflisten.*
Er **wurde** als möglicher Kandidat **genannt**. *Er wurde als möglicher Kandidat vorgeschlagen.*

 Redewendungen

etw./jmdn. sein Eigen nennen *etw. besitzen, über jmdn. verfügen*
Ross und Reiter nennen *die Namen von Personen öffentlich nennen*
das Kind beim Namen nennen *etw. ohne Beschönigung aussprechen*
die Dinge beim Namen nennen *sagen, wie etw. (Negatives) wirklich ist*

 Ähnliche Verben

rufen	benennen
heißen	ernennen
bezeichnen	
anführen	
angeben	
auflisten	
berufen	
vorschlagen	

 Aufgepasst!

Beim Verb nennen leitet sich die Konjunktiv II-Form nicht vom Präteritum ab, wie es normalerweise der Fall ist. Die Konjunktiv II-Form lautet nennte. Allerdings wird diese Form meist durch die würde-Form ersetzt: Wenn ich die Namen nicht **nennen würde,** bekäme ich Probleme (▷ Grammatik rund ums Verb, 3.1).

 Tipps & Tricks

Folgende Verben werden nach dem gleichen Muster konjugiert: benennen, ernennen, kennen, brennen und Kombinationen dieser Verben mit Präfixen wie z. B. ausbrennen, verbrennen, erkennen, verkennen.

(46) raten

Stammvokalwechsel a → ie → a

Indikativ

Präsens		Perfekt			Futur I		
ich	rate	ich	habe	geraten	ich	werde	raten
du	rätst	du	hast	geraten	du	wirst	raten
er	rät	er	hat	geraten	er	wird	raten
wir	raten	wir	haben	geraten	wir	werden	raten
ihr	ratet	ihr	habt	geraten	ihr	werdet	raten
sie	raten	sie	haben	geraten	sie	werden	raten

Präteritum		Plusquamperfekt			Futur II			
ich	riet	ich	hatte	geraten	ich	werde	geraten	haben
du	riet(e)st	du	hattest	geraten	du	wirst	geraten	haben
er	riet	er	hatte	geraten	er	wird	geraten	haben
wir	rieten	wir	hatten	geraten	wir	werden	geraten	haben
ihr	rietet	ihr	hattet	geraten	ihr	werdet	geraten	haben
sie	rieten	sie	hatten	geraten	sie	werden	geraten	haben

Konjunktiv

Konjunktiv I		Perfekt			Futur I		
ich	rate	ich	habe	geraten	ich	werde	raten
du	ratest	du	habest	geraten	du	werdest	raten
er	rate	er	habe	geraten	er	werde	raten
wir	raten	wir	haben	geraten	wir	werden	raten
ihr	ratet	ihr	habet	geraten	ihr	werdet	raten
sie	raten	sie	haben	geraten	sie	werden	raten

Konjunktiv II		Plusquamperfekt			Futur II			
ich	riete	ich	hätte	geraten	ich	werde	geraten	haben
du	rietest	du	hättest	geraten	du	werdest	geraten	haben
er	riete	er	hätte	geraten	er	werde	geraten	haben
wir	rieten	wir	hätten	geraten	wir	werden	geraten	haben
ihr	rietet	ihr	hättet	geraten	ihr	werdet	geraten	haben
sie	rieten	sie	hätten	geraten	sie	werden	geraten	haben

Infinitiv

Perfekt

geraten haben

Partizip

Partizip I

ratend

Partizip II

geraten

Imperativ

rat(e)

raten wir

ratet

raten Sie

Anwendungsbeispiele

Der Lehrer **rät** seinen Schülern, regelmäßig Vokabeln zu lernen. *Der Lehrer empfiehlt seinen Schülern, regelmäßig Vokabeln zu lernen.*
Er **hat** mir zu einer Reise nach Griechenland **geraten**. *Er hat mir eine Reise nach Griechenland nahegelegt.*
Bei dem Spiel **wurde** viel **geraten**. *Bei dem Spiel wurde viel geschätzt.*
Super, das **hast** du richtig **geraten**! *Super, das hast du richtig aufgelöst!*

 Sprichwörter

Niemand ist klug genug, sich selbst zu raten. *Man soll nicht nur auf sich selbst, sondern auch auf den Rat anderer hören.*
Wem nicht zu raten ist, dem ist auch nicht zu helfen. *Wer von anderen keine Ratschläge annimmt, muss seine Probleme selber lösen.*
Die sich lassen sagen, denen mag man raten. *Wer Ratschläge gerne annimmt, bekommt auch welche.*

 Ähnliche Verben

anhalten	abraten
befürworten	anraten
einschärfen	beraten
empfehlen	erraten
schätzen	geraten
aufdecken	verraten
(auf)lösen	zuraten
herausfinden	

 Aufgepasst!

Das Verb raten hat einen Vokalwechsel im Präsens Indikativ in der 2. und 3. Person Singular (▷ Grammatik rund ums Verb, 1.1.1) und ein eingefügtes -e in der 2. Person Plural im Präsens und Präteritum, da der Verbstamm auf -ten endet (▷ Grammatik rund ums Verb, 1.1.1).

(47) rufen

Stammvokalwechsel u → ie → u

Indikativ

Präsens		Perfekt			Futur I		
ich	rufe	ich	habe	gerufen	ich	werde	rufen
du	rufst	du	hast	gerufen	du	wirst	rufen
er	ruft	er	hat	gerufen	er	wird	rufen
wir	rufen	wir	haben	gerufen	wir	werden	rufen
ihr	ruft	ihr	habt	gerufen	ihr	werdet	rufen
sie	rufen	sie	haben	gerufen	sie	werden	rufen

Präteritum		Plusquamperfekt			Futur II			
ich	rief	ich	hatte	gerufen	ich	werde	gerufen	haben
du	riefst	du	hattest	gerufen	du	wirst	gerufen	haben
er	rief	er	hatte	gerufen	er	wird	gerufen	haben
wir	riefen	wir	hatten	gerufen	wir	werden	gerufen	haben
ihr	rieft	ihr	hattet	gerufen	ihr	werdet	gerufen	haben
sie	riefen	sie	hatten	gerufen	sie	werden	gerufen	haben

Konjunktiv

Konjunktiv I		Perfekt			Futur I		
ich	rufe	ich	habe	gerufen	ich	werde	rufen
du	rufest	du	habest	gerufen	du	werdest	rufen
er	rufe	er	habe	gerufen	er	werde	rufen
wir	rufen	wir	haben	gerufen	wir	werden	rufen
ihr	rufet	ihr	habet	gerufen	ihr	werdet	rufen
sie	rufen	sie	haben	gerufen	sie	werden	rufen

Konjunktiv II		Plusquamperfekt			Futur II			
ich	riefe	ich	hätte	gerufen	ich	werde	gerufen	haben
du	riefest	du	hättest	gerufen	du	werdest	gerufen	haben
er	riefe	er	hätte	gerufen	er	werde	gerufen	haben
wir	riefen	wir	hätten	gerufen	wir	werden	gerufen	haben
ihr	riefet	ihr	hättet	gerufen	ihr	werdet	gerufen	haben
sie	riefen	sie	hätten	gerufen	sie	werden	gerufen	haben

Infinitiv

Perfekt
gerufen haben

Partizip

Partizip I
rufend

Partizip II
gerufen

Imperativ

ruf(e)
rufen wir
ruft
rufen Sie

Anwendungsbeispiele

Können Sie mir bitte ein Taxi **rufen**? *Können Sie mir bitte ein Taxi* **bestellen**?
„Gewonnen!", **rief** sie und strahlte über das ganze Gesicht. *„Gewonnen!",* **schrie**
sie und strahlte über das ganze Gesicht.
Er heißt Karl-Heinz, aber alle **rufen** ihn Kalli. *Er heißt Karl-Heinz, aber alle* **nennen**
ihn Kalli.
Es **wurde** immer wieder nach einer Zugabe **gerufen**. *Es* **wurde** *immer wieder*
nach einer Zugabe **verlangt**.
Der Chef **rief** alle Mitarbeiter in sein Büro. *Der Chef* **zitierte** *alle Mitarbeiter in sein*
Büro.

 Redewendungen

ins Leben rufen *etw. gründen*
auf den Plan rufen *zum Handeln herausfordern*
sich die Seele aus dem Leib rufen *sehr laut und lange rufen*
ins Gedächtnis rufen *bewusst machen, erinnern*

 Ähnliche Verben

schreien	anrufen
(an)fordern	aufrufen
verlangen	ausrufen
herbeordern	einberufen
auffordern	herbeirufen

 Aufgepasst!

Insbesondere in der gesprochenen Sprache werden die Konjunktiv II-Formen er
riefe, wir riefen etc. durch die würde-Formen ersetzt (▷ Grammatik rund ums Verb,
3.1). Dies gilt für die regelmäßigen und für die meisten unregelmäßigen Verben:
Wenn du mich nur **riefest**, käme ich sofort. (Schriftsprache)
Wenn du mich nur **rufen würdest**, würde ich sofort kommen. (mündlicher
Sprachgebrauch)

48 saugen

Stammvokalwechsel au → o → o

Indikativ

Präsens
ich	sauge
du	saugst
er	saugt
wir	saugen
ihr	saugt
sie	saugen

Perfekt
ich	habe	gesogen
du	hast	gesogen
er	hat	gesogen
wir	haben	gesogen
ihr	habt	gesogen
sie	haben	gesogen

Futur I
ich	werde	saugen
du	wirst	saugen
er	wird	saugen
wir	werden	saugen
ihr	werdet	saugen
sie	werden	saugen

Präteritum
ich	sog/saugte
du	sogst/saugtest
er	sog/saugte
wir	sogen/saugten
ihr	sogt/saugtet
sie	sogen/saugten

Plusquamperfekt
ich	hatte	gesogen
du	hattest	gesogen
er	hatte	gesogen
wir	hatten	gesogen
ihr	hattet	gesogen
sie	hatten	gesogen

Futur II
ich	werde	gesogen	haben
du	wirst	gesogen	haben
er	wird	gesogen	haben
wir	werden	gesogen	haben
ihr	werdet	gesogen	haben
sie	werden	gesogen	haben

Konjunktiv

Konjunktiv I
ich	sauge
du	saugest
er	sauge
wir	saugen
ihr	saugt
sie	saugen

Perfekt
ich	habe	gesogen
du	habest	gesogen
er	habe	gesogen
wir	haben	gesogen
ihr	habet	gesogen
sie	haben	gesogen

Futur I
ich	werde	saugen
du	werdest	saugen
er	werde	saugen
wir	werden	saugen
ihr	werdet	saugen
sie	werden	saugen

Konjunktiv II
ich	söge
du	sögest
er	söge
wir	sögen
ihr	söget
sie	sögen

Plusquamperfekt
ich	hätte	gesogen
du	hättest	gesogen
er	hätte	gesogen
wir	hätten	gesogen
ihr	hättet	gesogen
sie	hätten	gesogen

Futur II
ich	werde	gesogen	haben
du	werdest	gesogen	haben
er	werde	gesogen	haben
wir	werden	gesogen	haben
ihr	werdet	gesogen	haben
sie	werden	gesogen	haben

Infinitiv

Perfekt
gesogen haben

Partizip

Partizip I
saugend

Partizip II
gesogen/gesaugt

Imperativ
saug(e)
saugen wir
saugt
saugen Sie

Anwendungsbeispiele

Das Baby **sog** kräftig am Schnuller. *Das Baby nuckelte kräftig am Schnuller.*
Der Junge **saugt** die Limonade durch den Strohhalm. *Der Junge trinkt die Limonade durch den Strohhalm.*
Wegen der Hunde **sauge** ich die Wohnung jeden Tag. *Wegen der Hunde säubere ich die Wohnung jeden Tag mit dem Staubsauger.*
Er **hat** sich die neusten Filme aus dem Internet **gesaugt.** *Er hat sich die neusten Filme aus dem Internet heruntergeladen.*
Die Wurzeln **saugen** Flüssigkeit aus dem Boden. *Die Wurzeln absorbieren Flüssigkeit aus dem Boden.*

 Redewendungen

sich etw. aus den Fingern saugen *einen Sachverhalt frei erfinden*
jmdm. das Mark aus den Knochen saugen *jmdn. hemmungslos ausbeuten*
an den Hungerpfoten saugen *Hunger leiden*

 Ähnliche Verben

einziehen	absaugen
lutschen	ansaugen
nuckeln	aufsaugen
in sich aufnehmen	einsaugen
in sich hineinziehen	staubsaugen
absorbieren	

 Aufgepasst!

Das Verb **saugen** kann sowohl regelmäßig als auch unregelmäßig sein. Die regelmäßige Form muss verwendet werden, wenn das Verb **saugen** eine technische Bedeutung hat:
Der Filter **saugte** den Feinstaub aus der Luft.
In allen anderen Fällen kann die regelmäßige oder unregelmäßige Form stehen:
Das Mädchen **saugte/sog** an einem Lutscher.

49 schalten

e-Einschub

Indikativ

Präsens	Perfekt	Futur I
ich schalte	ich habe geschaltet	ich werde schalten
du schaltest	du hast geschaltet	du wirst schalten
er schaltet	er hat geschaltet	er wird schalten
wir schalten	wir haben geschaltet	wir werden schalten
ihr schaltet	ihr habt geschaltet	ihr werdet schalten
sie schalten	sie haben geschaltet	sie werden schalten

Präteritum	Plusquamperfekt	Futur II
ich schaltete	ich hatte geschaltet	ich werde geschaltet haben
du schaltetest	du hattest geschaltet	du wirst geschaltet haben
er schaltete	er hatte geschaltet	er wird geschaltet haben
wir schalteten	wir hatten geschaltet	wir werden geschaltet haben
ihr schaltetet	ihr hattet geschaltet	ihr werdet geschaltet haben
sie schalteten	sie hatten geschaltet	sie werden geschaltet haben

Konjunktiv

Konjunktiv I	Perfekt	Futur I
ich schalte	ich habe geschaltet	ich werde schalten
du schaltest	du habest geschaltet	du werdest schalten
er schalte	er habe geschaltet	er werde schalten
wir schalten	wir haben geschaltet	wir werden schalten
ihr schaltet	ihr habet geschaltet	ihr werdet schalten
sie schalten	sie haben geschaltet	sie werden schalten

Konjunktiv II	Plusquamperfekt	Futur II
ich schaltete	ich hätte geschaltet	ich werde geschaltet haben
du schaltetest	du hättest geschaltet	du werdest geschaltet haben
er schaltete	er hätte geschaltet	er werde geschaltet haben
wir schalteten	wir hätten geschaltet	wir werden geschaltet haben
ihr schaltetet	ihr hättet geschaltet	ihr werdet geschaltet haben
sie schalteten	sie hätten geschaltet	sie werden geschaltet haben

Infinitiv

Perfekt
geschaltet haben

Partizip

Partizip I
schaltend

Partizip II
geschaltet

Imperativ

schalte
schalten wir
schaltet
schalten Sie

Anwendungsbeispiele

Der Backofen **wird** auf Oberhitze **geschaltet**. *Der Backofen wird auf Oberhitze gestellt.*

Bergab musst du in einen höheren Gang **schalten**. *Bergab musst du einen höheren Gang einlegen.*

Die Ampel **schaltete** schon wieder auf Rot. *Die Ampel wechselte schon wieder zu Rot.*

Wir **schalten** zu unserem Korrespondenten nach Paris. *Wir übergeben an unseren Korrespondenten in Paris.*

 Redewendungen

auf Durchzug schalten *jmds. Worte ignorieren*

auf Sparflamme schalten *seinen Einsatz auf ein Minimum reduzieren*

auf stur schalten *stur werden*

 Ähnliche Verben

drehen	abschalten
stellen	anschalten
knipsen	ausschalten
einlegen	einschalten
zappen	vorschalten
übergeben	zuschalten
auffassen	zurückschalten
verstehen	

 Aufgepasst!

Bei Verben, die wie **schalten** auf -ten oder auf -den enden, und bei den meisten Verben auf -nen und -men, wird im Präsens Indikativ in der 2. und 3. Person Singular und in der 2. Person Plural ein -e eingefügt (▷ Grammatik rund ums Verb, 1.1.1), bei den Verben auf -ten und -den geschieht dies auch in allen Personen im Präteritum.

 **schieben**   Stammvokalwechsel ie → o → o

Indikativ ···

Präsens

ich	schiebe
du	schiebst
er	schiebt
wir	schieben
ihr	schiebt
sie	schieben

Perfekt

ich	habe	geschoben
du	hast	geschoben
er	hat	geschoben
wir	haben	geschoben
ihr	habt	geschoben
sie	haben	geschoben

Futur I

ich	werde	schieben
du	wirst	schieben
er	wird	schieben
wir	werden	schieben
ihr	werdet	schieben
sie	werden	schieben

Präteritum

ich	schob
du	schobst
er	schob
wir	schoben
ihr	schobt
sie	schoben

Plusquamperfekt

ich	hatte	geschoben
du	hattest	geschoben
er	hatte	geschoben
wir	hatten	geschoben
ihr	hattet	geschoben
sie	hatten	geschoben

Futur II

ich	werde	geschoben	haben
du	wirst	geschoben	haben
er	wird	geschoben	haben
wir	werden	geschoben	haben
ihr	werdet	geschoben	haben
sie	werden	geschoben	haben

Konjunktiv ···

Konjunktiv I

ich	schiebe
du	schiebest
er	schiebe
wir	schieben
ihr	schiebet
sie	schieben

Perfekt

ich	habe	geschoben
du	habest	geschoben
er	habe	geschoben
wir	haben	geschoben
ihr	habet	geschoben
sie	haben	geschoben

Futur I

ich	werde	schieben
du	werdest	schieben
er	werde	schieben
wir	werden	schieben
ihr	werdet	schieben
sie	werden	schieben

Konjunktiv II

ich	schöbe
du	schöbest
er	schöbe
wir	schöben
ihr	schöbet
sie	schöben

Plusquamperfekt

ich	hätte	geschoben
du	hättest	geschoben
er	hätte	geschoben
wir	hätten	geschoben
ihr	hättet	geschoben
sie	hätten	geschoben

Futur II

ich	werde	geschoben	haben
du	werdest	geschoben	haben
er	werde	geschoben	haben
wir	werden	geschoben	haben
ihr	werdet	geschoben	haben
sie	werden	geschoben	haben

Infinitiv ····················

Perfekt

geschoben haben

Partizip ·································

Partizip I

schiebend

Partizip II

geschoben

Imperativ ·························

schieb(e)

schieben wir

schiebt

schieben Sie

Anwendungsbeispiele

Wir **schieben** den Tisch an die Wand. *Wir rücken den Tisch an die Wand.*
Die Menschenmasse **schob** ihn durch das Tor. *Die Menschenmasse drängte ihn durch das Tor.*
Er **hat** alle Vorwürfe von sich **geschoben**. *Er hat alle Vorwürfe von sich gewiesen.*
Sie **schiebt** immer alles auf mich. *Sie lastet immer alles mir an.*
Der Faden **wird** durch das Nadelöhr **geschoben**. *Der Faden wird durch das Nadelöhr gesteckt.*

 Redewendungen

auf die lange Bank schieben *die Erledigung einer unangenehmen Aufgabe hinauszögern*
Kohldampf schieben *großen Hunger haben*
jmdm. etw./die Schuld in die Schuhe schieben *jmdm. unberechtigt die Schuld geben*
eine ruhige Kugel schieben *sich nicht sonderlich anstrengen*

 Ähnliche Verben

(ab)rücken	abschieben
bewegen	anschieben
drängen	aufschieben
drücken	beiseiteschieben
stecken	unterschieben
anklagen	verschieben
beschuldigen	wegschieben

 Gebrauch

Das Verb schieben kann sowohl transitiv als auch intransitiv sein. Intransitiv verwendet ist das Verb schieben reflexiv:
Sie **schob** ihr Fahrrad den Hügel hinauf. (transitiv)
Eine Wolke **schob sich** vor den Mond. (intransitiv, reflexiv)

 Tipps & Tricks

Wie schieben werden konjugiert: biegen, fliegen und wiegen sowie die Kombinationen dieser Verben mit Präfixen, z. B. verbiegen, auffliegen, abwiegen; wiegen in der Bedeutung schaukeln ist aber regelmäßig.

(51) schinden

Stammvokalwechsel i → u → u

Indikativ

Präsens	Perfekt	Futur I
ich schinde	ich habe geschunden	ich werde schinden
du schindest	du hast geschunden	du wirst schinden
er schindet	er hat geschunden	er wird schinden
wir schinden	wir haben geschunden	wir werden schinden
ihr schindet	ihr habt geschunden	ihr werdet schinden
sie schinden	sie haben geschunden	sie werden schinden

Präteritum	Plusquamperfekt	Futur II
ich schund/schindete	ich hatte geschunden	ich werde geschunden haben
du schundest/schindetest	du hattest geschunden	du wirst geschunden haben
er schund/schindete	er hatte geschunden	er wird geschunden haben
wir schunden/schindeten	wir hatten geschunden	wir werden geschunden haben
ihr schundet/schindetet	ihr hattet geschunden	ihr werdet geschunden haben
sie schunden/schindeten	sie hatten geschunden	sie werden geschunden haben

Konjunktiv

Konjunktiv I	Perfekt	Futur I
ich schinde	ich habe geschunden	ich werde schinden
du schindest	du habest geschunden	du werdest schinden
er schinde	er habe geschunden	er werde schinden
wir schinden	wir haben geschunden	wir werden schinden
ihr schindet	ihr habet geschunden	ihr werdet schinden
sie schinden	sie haben geschunden	sie werden schinden

Konjunktiv II	Plusquamperfekt	Futur II
ich schünde/schindete	ich hätte geschunden	ich werde geschunden haben
du schündest/schindetest	du hättest geschunden	du werdest geschunden haben
er schünde/schindete	er hätte geschunden	er werde geschunden haben
wir schünden/schindeten	wir hätten geschunden	wir werden geschunden haben
ihr schündet/schindetet	ihr hättet geschunden	ihr werdet geschunden haben
sie schünden/schindeten	sie hätten geschunden	sie werden geschunden haben

Infinitiv

Perfekt

geschunden haben

Partizip

Partizip I

schindend

Partizip II

geschunden

Imperativ

schind(e)

schinden wir

schindet

schinden Sie

Anwendungsbeispiele

Ich kann nicht mit ansehen, wie er seine Pferde **schindet**. *Ich kann nicht mit ansehen, wie er seine Pferde quält.*

Sie **wurden geschunden**, vertrieben und ermordet. *Sie wurden misshandelt, vertrieben und ermordet.*

Mit seinem Porsche konnte er bei ihr Eindruck **schinden**. *Mit seinem Porsche konnte er sich bei ihr Eindruck verschaffen.*

Für dieses Haus **haben** sie **sich** sehr **geschunden**. *Für dieses Haus haben sie sich sehr abgerackert.*

 Redewendungen

Eindruck schinden *mit allen Mitteln versuchen, jmdn. zu beeindrucken*
Mitleid schinden *mit allen Mitteln versuchen, Mitleid zu erwecken*
Zeit schinden *auf unfaire Weise versuchen, Zeit zu gewinnen*

 Ähnliche Verben

misshandeln   abschinden
quälen
erzielen
sich verschaffen
sich abmühen
sich abplagen

 Aufgepasst!

Beim Verb **schinden** kommen im Präteritum und im Konjunktiv II zwei Formen vor, nämlich einerseits **schindete/schindete** und andererseits die seltenere unregelmäßige Form **schund/schünde**. Für das Partizip II gibt es aber nur die unregelmäßige Form **geschunden**.

Da das Verb **schinden** auf -den endet, wird im Präsens Indikativ in der 2. und 3. Person Singular und der 2. Person Plural sowie bei den regelmäßigen Präteritumformen ein -e eingeschoben.

(52) schmelzen

Stammvokalwechsel e → o → o

Indikativ

Präsens
ich	schmelze
du	schmilzt
er	schmilzt
wir	schmelzen
ihr	schmelzt
sie	schmelzen

Perfekt
ich	bin	geschmolzen
du	bist	geschmolzen
er	ist	geschmolzen
wir	sind	geschmolzen
ihr	seid	geschmolzen
sie	sind	geschmolzen

Futur I
ich	werde	schmelzen
du	wirst	schmelzen
er	wird	schmelzen
wir	werden	schmelzen
ihr	werdet	schmelzen
sie	werden	schmelzen

Präteritum
ich	schmolz
du	schmolzest
er	schmolz
wir	schmolzen
ihr	schmolz(e)t
sie	schmolzen

Plusquamperfekt
ich	war	geschmolzen
du	warst	geschmolzen
er	war	geschmolzen
wir	waren	geschmolzen
ihr	wart	geschmolzen
sie	waren	geschmolzen

Futur II
ich	werde	geschmolzen	sein
du	wirst	geschmolzen	sein
er	wird	geschmolzen	sein
wir	werden	geschmolzen	sein
ihr	werdet	geschmolzen	sein
sie	werden	geschmolzen	sein

Konjunktiv

Konjunktiv I
ich	schmelze
du	schmelzest
er	schmelze
wir	schmelzen
ihr	schmelzet
sie	schmelzen

Perfekt
ich	sei	geschmolzen
du	sei(e)st	geschmolzen
er	sei	geschmolzen
wir	seien	geschmolzen
ihr	sei(e)t	geschmolzen
sie	seien	geschmolzen

Futur I
ich	werde	schmelzen
du	werdest	schmelzen
er	werde	schmelzen
wir	werden	schmelzen
ihr	werdet	schmelzen
sie	werden	schmelzen

Konjunktiv II
ich	schmölze
du	schmölzest
er	schmölze
wir	schmölzen
ihr	schmölzet
sie	schmölzen

Plusquamperfekt
ich	wäre	geschmolzen
du	wär(e)st	geschmolzen
er	wäre	geschmolzen
wir	wären	geschmolzen
ihr	wär(e)t	geschmolzen
sie	wären	geschmolzen

Futur II
ich	werde	geschmolzen	sein
du	werdest	geschmolzen	sein
er	werde	geschmolzen	sein
wir	werden	geschmolzen	sein
ihr	werdet	geschmolzen	sein
sie	werden	geschmolzen	sein

Infinitiv
Perfekt
geschmolzen sein

Partizip
Partizip I
schmelzend

Partizip II
geschmolzen

Imperativ
schmilz
schmelzen wir
schmelzt
schmelzen Sie

Anwendungsbeispiele

Die Praline **schmilzt** auf der Zunge. *Die Praline zergeht auf der Zunge.*
Die Kinder bedauern, dass der Schnee so schnell **geschmolzen ist**. *Die Kinder bedauern, dass der Schnee so schnell weggetaut ist.*
Das Metall **wird geschmolzen** und dann weiterverarbeitet. *Das Metall wird verflüssigt und dann weiterverarbeitet.*
Hätten sie keine Maßnahmen ergriffen, **schmölze** ihr Gewinn jetzt dahin. *Hätten sie keine Maßnahmen ergriffen, würde sich ihr Gewinn jetzt verringern.*

 Redewendungen

schmelzen wie Butter/Schnee an der Sonne *schnell aufgebraucht werden*
jmdm. unter den Händen schmelzen *laufend weniger werden*

 Ähnliche Verben

sich auflösen	abschmelzen
(auf)tauen	einschmelzen
(weg)tauen	verschmelzen
zerfließen	zerschmelzen
zerrinnen	
zerlassen	
verflüssigen	
schrumpfen	
sich verringern	
zurückgehen	

 Aufgepasst!

Beim Verb **schmelzen** kommt es im Präsens Indikativ bei der 2. und 3. Person Singular zu einem Stammvokalwechsel von -e zu -i. Bei der 2. Person Singular fällt heutzutage das -s der Personalendung -st weg → du schmilzt. In älteren Texten ist aber noch die ursprüngliche Form du schmelzest zu finden.
In der 2. Person Singular Präteritum wird ein -e eingeschoben.

 Tipps & Tricks

Überlegen Sie, in welchen Situationen Sie ein Verb häufig benutzen, und bilden Sie Sätze, um sich die unregelmäßigen Formen zu merken:
Der Schnee **ist geschmolzen**.
Das Eis **schmilzt** in der Sonne.

schreien

Stammvokalwechsel ei → ie → ie

Indikativ

Präsens	Perfekt	Futur I
ich schreie	ich habe geschrien	ich werde schreien
du schreist	du hast geschrien	du wirst schreien
er schreit	er hat geschrien	er wird schreien
wir schreien	wir haben geschrien	wir werden schreien
ihr schreit	ihr habt geschrien	ihr werdet schreien
sie schreien	sie haben geschrien	sie werden schreien

Präteritum	Plusquamperfekt	Futur II
ich schrie	ich hatte geschrien	ich werde geschrien haben
du schriest	du hattest geschrien	du wirst geschrien haben
er schrie	er hatte geschrien	er wird geschrien haben
wir schrien	wir hatten geschrien	wir werden geschrien haben
ihr schriet	ihr hattet geschrien	ihr werdet geschrien haben
sie schrien	sie hatten geschrien	sie werden geschrien haben

Konjunktiv

Konjunktiv I	Perfekt	Futur I
ich schreie	ich habe geschrien	ich werde schreien
du schreiest	du habest geschrien	du werdest schreien
er schreie	er habe geschrien	er werde schreien
wir schreien	wir haben geschrien	wir werden schreien
ihr schreiet	ihr habet geschrien	ihr werdet schreien
sie schreien	sie haben geschrien	sie werden schreien

Konjunktiv II	Plusquamperfekt	Futur II
ich schriee	ich hätte geschrien	ich werde geschrien haben
du schrieest	du hättest geschrien	du werdest geschrien haben
er schriee	er hätte geschrien	er werde geschrien haben
wir schrieen	wir hätten geschrien	wir werden geschrien haben
ihr schrieet	ihr hättet geschrien	ihr werdet geschrien haben
sie schrieen	sie hätten geschrien	sie werden geschrien haben

Infinitiv	Partizip	Imperativ
Perfekt	**Partizip I**	schrei(e)
geschrien haben	schreiend	schreien wir
	Partizip II	schreit
	geschrien	schreien Sie

Anwendungsbeispiele

Das Baby **schrie vor** Hunger/Wut/Schmerzen. *Das Baby brüllte vor Hunger/Wut/Schmerzen.*

Sie **schrie** laut **aus** Angst vor der Spinne. *Sie kreischte laut aus Angst vor der Spinne.*

Auf der Straße **schrie** ein Mann **um** Hilfe. *Auf der Straße rief ein Mann um Hilfe.*

Die Webseite **schreit nach** einem neuen Design. *Die Webseite braucht dringend ein neues Design.*

Das Kind **schreit nach** seiner Mutter. *Das Kind ruft (laut) nach seiner Mutter.*

Der Witz war wirklich **zum Schreien.** *Der Witz war sehr lustig.*

 Redewendungen

schreien wie am Spieß *durchdringend und laut schreien*

sich die Kehle/Lunge/Seele aus dem Hals schreien *anhaltend und laut schreien*

sich heiser schreien *schreien, bis die Stimme versagt*

zum Himmel schreien *ungerecht sein*

 Ähnliche Verben

rufen	jmdn./sich anschreien
brüllen	aufschreien
grölen (umgs.)	losschreien
johlen	herumschreien
kreischen	etw. beschreien

 Aufgepasst!

Beim Verb schreien entfällt im Präteritum ein -e im Plural:

wir schrie + -en = schrieen → schrien.

Die Schreibweise mit zwei -e ist veraltet, auch wenn das zweite -e häufig noch ausgesprochen wird.

Ein weiteres Verb dieser Konjugation ist das Verb speien (veraltet für *spucken, sich übergeben*). Auch bei speien entfällt das -e im Präteritum Plural.

 **schwören**   Stammvokalwechsel ö → o → o

Indikativ ....

Präsens
ich	schwöre
du	schwörst
er	schwört
wir	schwören
ihr	schwört
sie	schwören

Perfekt
ich	habe	geschworen
du	hast	geschworen
er	hat	geschworen
wir	haben	geschworen
ihr	habt	geschworen
sie	haben	geschworen

Futur I
ich	werde	schwören
du	wirst	schwören
er	wird	schwören
wir	werden	schwören
ihr	werdet	schwören
sie	werden	schwören

Präteritum
ich	schwor
du	schworst
er	schwor
wir	schworen
ihr	schwort
sie	schworen

Plusquamperfekt
ich	hatte	geschworen
du	hattest	geschworen
er	hatte	geschworen
wir	hatten	geschworen
ihr	hattet	geschworen
sie	hatten	geschworen

Futur II
ich	werde	geschworen	haben
du	wirst	geschworen	haben
er	wird	geschworen	haben
wir	werden	geschworen	haben
ihr	werdet	geschworen	haben
sie	werden	geschworen	haben

Konjunktiv ....

Konjunktiv I
ich	schwöre
du	schwörest
er	schwöre
wir	schwören
ihr	schwöret
sie	schwören

Perfekt
ich	habe	geschworen
du	habest	geschworen
er	habe	geschworen
wir	haben	geschworen
ihr	habet	geschworen
sie	haben	geschworen

Futur I
ich	werde	schwören
du	werdest	schwören
er	werde	schwören
wir	werden	schwören
ihr	werdet	schwören
sie	werden	schwören

Konjunktiv II
ich	schwöre
du	schwörest
er	schwöre
wir	schwören
ihr	schwöret
sie	schwören

Plusquamperfekt
ich	hätte	geschworen
du	hättest	geschworen
er	hätte	geschworen
wir	hätten	geschworen
ihr	hättet	geschworen
sie	hätten	geschworen

Futur II
ich	werde	geschworen	haben
du	werdest	geschworen	haben
er	werde	geschworen	haben
wir	werden	geschworen	haben
ihr	werdet	geschworen	haben
sie	werden	geschworen	haben

Infinitiv ....

Perfekt
geschworen haben

Partizip ....

Partizip I
schwörend

Partizip II
geschworen

Imperativ ....

schwör(e)
schwören wir
schwört
schwören Sie

Anwendungsbeispiele

Vor Gericht **schwören** die Zeugen mit erhobener Hand. *Vor Gericht leisten die Zeugen mit erhobener Hand einen Eid.*

Sie **schworen**, dass sie zurückkommen würden. *Sie beteuerten, dass sie zurückkommen würden.*

Er hätte **schwören** können, dass sie es war. *Er hätte die Hand darauf geben können, dass sie es war.*

Sie **hat sich geschworen**, nie wieder so viel Alkohol zu trinken. *Sie hat sich entschlossen, nie wieder so viel Alkohol zu trinken.*

 Redewendungen

einen Eid schwören *vor Gericht geloben, dass man die Wahrheit sagt*
einen Meineid schwören *eine Lüge erzählen, obwohl man geschworen hat, dass man die Wahrheit sagt*
Stein und Bein schwören *etw. mit Nachdruck versichern*
tausend Eide schwören *sehr nachdrücklich versichern*

 Ähnliche Verben

beeiden	abschwören
geloben	beschwören
sich verpflichten	verschwören
beteuern	
versichern	
sich entschließen	
vorhaben	

 Aufgepasst!

Beim Verb schwören gibt es im Präteritum und Konjunktiv II zwei Formen. Beide Formen sind unregelmäßig: schwor/schwur im Präteritum bzw. schwöre/schwüre im Konjunktiv II. Die Formen schwur und schwüre werden heutzutage jedoch sehr selten gebraucht.

55 sehen

Stammvokalwechsel e → a → e

Indikativ

Präsens		Perfekt			Futur I		
ich	sehe	ich	habe	gesehen	ich	werde	sehen
du	siehst	du	hast	gesehen	du	wirst	sehen
er	sieht	er	hat	gesehen	er	wird	sehen
wir	sehen	wir	haben	gesehen	wir	werden	sehen
ihr	seht	ihr	habt	gesehen	ihr	werdet	sehen
sie	sehen	sie	haben	gesehen	sie	werden	sehen

Präteritum		Plusquamperfekt			Futur II			
ich	sah	ich	hatte	gesehen	ich	werde	gesehen	haben
du	sahst	du	hattest	gesehen	du	wirst	gesehen	haben
er	sah	er	hatte	gesehen	er	wird	gesehen	haben
wir	sahen	wir	hatten	gesehen	wir	werden	gesehen	haben
ihr	saht	ihr	hattet	gesehen	ihr	werdet	gesehen	haben
sie	sahen	sie	hatten	gesehen	sie	werden	gesehen	haben

Konjunktiv

Konjunktiv I		Perfekt			Futur I		
ich	sehe	ich	habe	gesehen	ich	werde	sehen
du	sehest	du	habest	gesehen	du	werdest	sehen
er	sehe	er	habe	gesehen	er	werde	sehen
wir	sehen	wir	haben	gesehen	wir	werden	sehen
ihr	sehet	ihr	habet	gesehen	ihr	werdet	sehen
sie	sehen	sie	haben	gesehen	sie	werden	sehen

Konjunktiv II		Plusquamperfekt			Futur II			
ich	sähe	ich	hätte	gesehen	ich	werde	gesehen	haben
du	sähest	du	hättest	gesehen	du	werdest	gesehen	haben
er	sähe	er	hätte	gesehen	er	werde	gesehen	haben
wir	sähen	wir	hätten	gesehen	wir	werden	gesehen	haben
ihr	sähet	ihr	hättet	gesehen	ihr	werdet	gesehen	haben
sie	sähen	sie	hätten	gesehen	sie	werden	gesehen	haben

Infinitiv	Partizip	Imperativ
Perfekt	**Partizip I**	sieh
gesehen haben	sehend	sehen wir
	Partizip II	seht
	gesehen	sehen Sie

Anwendungsbeispiele

Bei gutem Wetter kann man von hier aus das Meer **sehen**. *Bei gutem Wetter kann man von hier aus das Meer erblicken.*
Ich **habe** gestern deinen Vater **gesehen**! *Ich bin gestern deinem Vater begegnet.*
Du darfst das nicht so verbissen **sehen**. *Du darfst das nicht so verbissen nehmen.*
Wir müssen **sehen**, ob wir Zeit haben. *Wir müssen überlegen, ob wir Zeit haben.*
Er **sah** den Fehler sofort. *Er entdeckte den Fehler sofort.*

 Redewendungen

Gespenster sehen *sich etw. einbilden*
schwarzsehen *das Schlimmste befürchten*
Licht am Horizont sehen *Anzeichen für Besserung erkennen*
jmdm. in die Karten sehen *jmds. Plan durchschauen*
den Tatsachen ins Auge sehen *die Realität erkennen*
den Wald vor lauter Bäumen nicht sehen *das Offensichtliche nicht sehen*

 Ähnliche Verben

blicken	absehen
gucken (umgs.)	ansehen
schauen	aussehen
(be)merken	einsehen
wahrnehmen	fernsehen
erblicken	übersehen
entdecken	versehen
betrachten	vorsehen
überlegen	zusehen

 Aufgepasst!

Beim Verb sehen kommt es im Präsens Indikativ bei der 2. und 3. Person Singular zu einem Stammvokalwechsel von -e zu -ie → du si**eh**st, er si**eh**t. Hier wird das -h nicht ausgesprochen, bei allen anderen Formen wird es gesprochen.

(56) sieden

Stammvokalwechsel ie → o → o

Indikativ

Präsens	Perfekt		Futur I	
ich siede	ich habe	gesotten	ich werde	sieden
du siedest	du hast	gesotten	du wirst	sieden
er siedet	er hat	gesotten	er wird	sieden
wir sieden	wir haben	gesotten	wir werden	sieden
ihr siedet	ihr habt	gesotten	ihr werdet	sieden
sie sieden	sie haben	gesotten	sie werden	sieden

Präteritum	Plusquamperfekt		Futur II		
ich sott/siedete	ich hatte	gesotten	ich werde	gesotten	haben
du sottest/siedetest	du hattest	gesotten	du wirst	gesotten	haben
er sott/siedete	er hatte	gesotten	er wird	gesotten	haben
wir sotten/siedeten	wir hatten	gesotten	wir werden	gesotten	haben
ihr sottet/siedetet	ihr hattet	gesotten	ihr werdet	gesotten	haben
sie sotten/siedeten	sie hatten	gesotten	sie werden	gesotten	haben

Konjunktiv

Konjunktiv I	Perfekt		Futur I	
ich siede	ich habe	gesotten	ich werde	sieden
du siedest	du habest	gesotten	du werdest	sieden
er siede	er habe	gesotten	er werde	sieden
wir sieden	wir haben	gesotten	wir werden	sieden
ihr siedet	ihr habet	gesotten	ihr werdet	sieden
sie sieden	sie haben	gesotten	sie werden	sieden

Konjunktiv II	Plusquamperfekt		Futur II		
ich sötte	ich hätte	gesotten	ich werde	gesotten	haben
du söttest	du hättest	gesotten	du werdest	gesotten	haben
er sötte	er hätte	gesotten	er werde	gesotten	haben
wir sötten	wir hätten	gesotten	wir werden	gesotten	haben
ihr söttet	ihr hättet	gesotten	ihr werdet	gesotten	haben
sie sötten	sie hätten	gesotten	sie werden	gesotten	haben

Infinitiv

Perfekt

gesotten haben

Partizip

Partizip I

siedend

Partizip II

gesotten

Imperativ

sied(e)

sieden wir

siedet

sieden Sie

Anwendungsbeispiele

Sie hat das Wasser **sieden** lassen. *Sie hat das Wasser kochen lassen.*
Wasser **siedet** bei 100 °C. *Wasser kocht bei 100 °C.*
Der Fisch kann gebraten, **gesotten**, gedämpft oder gegrillt **werden**. *Der Fisch kann gebraten gegart, gedämpft oder gegrillt werden.*
Nach seiner Kündigung **siedete** er vor Wut. *Nach seiner Kündigung war er sehr zornig.*

 Sprichwörter

Es/Er taugt weder zu sieden noch zu braten. *Es/Er ist zu nichts zu gebrauchen.*
Gesottenem Fisch hilft das Wasser nichts. *Dafür ist es jetzt zu spät.*

 Ähnliche Verben

abbrühen   einsieden
brodeln
dünsten
köcheln
kochen
sprudeln
garen
simmern

 Gebrauch

Heutzutage werden die unregelmäßigen Formen von sieden nur noch selten verwendet. Man benutzt diese Formen meist nur noch, wenn es um die Zubereitung von Speisen geht. Sieden bedeutet in diesem Zusammenhang, unfertige Speisen in reichlich Flüssigkeit gar zu kochen: Er **hat** die Eier **gesotten**. Aber auch hier wird häufiger das Verb kochen verwendet.
Wenn es aber um die fachsprachliche Verwendung, d. h. um die Verwandlung von Flüssigkeit zu Dampf geht, kommen nur noch die regelmäßigen Formen vor: Essigsäure **siedet** bei 118 °C.

 Tipps & Tricks

Lernen Sie die Konjugation von schwierigen Verben, indem Sie würfeln und je nach Augenzahl die Verbform der 1., 2. usw. Person Singular bzw. Plural nennen.

singen

Stammvokalwechsel i → a → u

Indikativ

Präsens		Perfekt			Futur I		
ich	singe	ich	habe	gesungen	ich	werde	singen
du	singst	du	hast	gesungen	du	wirst	singen
er	singt	er	hat	gesungen	er	wird	singen
wir	singen	wir	haben	gesungen	wir	werden	singen
ihr	singt	ihr	habt	gesungen	ihr	werdet	singen
sie	singen	sie	haben	gesungen	sie	werden	singen

Präteritum		Plusquamperfekt			Futur II			
ich	sang	ich	hatte	gesungen	ich	werde	gesungen	haben
du	sang(e)st	du	hattest	gesungen	du	wirst	gesungen	haben
er	sang	er	hatte	gesungen	er	wird	gesungen	haben
wir	sangen	wir	hatten	gesungen	wir	werden	gesungen	haben
ihr	sang(e)t	ihr	hattet	gesungen	ihr	werdet	gesungen	haben
sie	sangen	sie	hatten	gesungen	sie	werden	gesungen	haben

Konjunktiv

Konjunktiv I		Perfekt			Futur I		
ich	singe	ich	habe	gesungen	ich	werde	singen
du	singest	du	habest	gesungen	du	werdest	singen
er	singe	er	habe	gesungen	er	werde	singen
wir	singen	wir	haben	gesungen	wir	werden	singen
ihr	singet	ihr	habet	gesungen	ihr	werdet	singen
sie	singen	sie	haben	gesungen	sie	werden	singen

Konjunktiv II		Plusquamperfekt			Futur II			
ich	sänge	ich	hätte	gesungen	ich	werde	gesungen	haben
du	sängest	du	hättest	gesungen	du	werdest	gesungen	haben
er	sänge	er	hätte	gesungen	er	werde	gesungen	haben
wir	sängen	wir	hätten	gesungen	wir	werden	gesungen	haben
ihr	sänget	ihr	hättet	gesungen	ihr	werdet	gesungen	haben
sie	sängen	sie	hätten	gesungen	sie	werden	gesungen	haben

Infinitiv

Perfekt

gesungen haben

Partizip

Partizip I

singend

Partizip II

gesungen

Imperativ

sing(e)

singen wir

singt

singen Sie

Anwendungsbeispiele

Die Kinder **sangen** in der Adventszeit viele Weihnachtslieder. *Die Kinder trällerten in der Adventszeit viele Weihnachtslieder.*

Die Vögel **singen** am Morgen sehr laut. *Die Vögel zwitschern am Morgen sehr laut.*

Das Kind **wurde** von seiner Mutter in den Schlaf **gesungen**. *Das Kind wurde von seiner Mutter in den Schlaf gesummt.*

Der Täter wurde gefasst, denn sein Komplize **hat gesungen**. *Der Täter wurde gefasst, denn sein Komplize hat gestanden.*

 Redewendungen

ein Loblied auf jmdn. singen *jmdn. vor anderen sehr loben*

von etw. ein Lied(chen) singen können *über etw. aus eigener unangenehmer Erfahrung berichten können*

die Engel im Himmel singen hören *sehr starke Schmerzen haben*

aus voller Lunge singen *sehr laut singen*

 Ähnliche Verben

jodeln	ansingen
trällern	besingen
pfeifen	einsingen
trillern	mitsingen
zwitschern	nachsingen
ausplaudern	vorsingen
verraten	
gestehen	

 Aufgepasst!

Beim Verb singen kann im Präteritum in der 2. Person Singular und Plural ein -e eingeschoben werden. Diese Formen finden sich häufig in Liedern und Gedichten. In der gesprochenen Sprache sind sie selten.

⑤⑧ sollen

Indikativ

Präsens		Perfekt			Futur I		
ich	soll	ich	habe	gesollt	ich	werde	sollen
du	sollst	du	hast	gesollt	du	wirst	sollen
er	soll	er	hat	gesollt	er	wird	sollen
wir	sollen	wir	haben	gesollt	wir	werden	sollen
ihr	sollt	ihr	habt	gesollt	ihr	werdet	sollen
sie	sollen	sie	haben	gesollt	sie	werden	sollen

Präteritum		Plusquamperfekt			Futur II			
ich	sollte	ich	hatte	gesollt	ich	werde	gesollt	haben
du	solltest	du	hattest	gesollt	du	wirst	gesollt	haben
er	sollte	er	hatte	gesollt	er	wird	gesollt	haben
wir	sollten	wir	hatten	gesollt	wir	werden	gesollt	haben
ihr	solltet	ihr	hattet	gesollt	ihr	werdet	gesollt	haben
sie	sollten	sie	hatten	gesollt	sie	werden	gesollt	haben

Konjunktiv

Konjunktiv I		Perfekt			Futur I		
ich	solle	ich	habe	gesollt	ich	werde	sollen
du	sollest	du	habest	gesollt	du	werdest	sollen
er	solle	er	habe	gesollt	er	werde	sollen
wir	sollen	wir	haben	gesollt	wir	werden	sollen
ihr	sollet	ihr	habet	gesollt	ihr	werdet	sollen
sie	sollen	sie	haben	gesollt	sie	werden	sollen

Konjunktiv II		Plusquamperfekt			Futur II			
ich	sollte	ich	hätte	gesollt	ich	werde	gesollt	haben
du	solltest	du	hättest	gesollt	du	werdest	gesollt	haben
er	sollte	er	hätte	gesollt	er	werde	gesollt	haben
wir	sollten	wir	hätten	gesollt	wir	werden	gesollt	haben
ihr	solltet	ihr	hättet	gesollt	ihr	werdet	gesollt	haben
sie	sollten	sie	hätten	gesollt	sie	werden	gesollt	haben

Infinitiv

Perfekt

gesollt haben

Partizip

Partizip I

sollend

Partizip II

gesollt

Imperativ

–

–

–

–

Anwendungsbeispiele

Ich **soll** die Tabletten 3x täglich nehmen. *Ich muss die Tabletten 3x täglich nehmen.*

Sollen wir die Hausaufgaben für morgen gemeinsam machen? *Möchtest du, dass wir die Hausaufgaben für morgen gemeinsam machen?*

Du **solltest** häufiger zum Sport gehen. *Es wäre besser, wenn du häufiger zum Sport gingest.*

Er **soll** im Lotto gewonnen haben. *Ich habe gehört, dass er im Lotto gewonnen hat.*

 Sprichwörter

Einen alten Baum soll man nicht verpflanzen. *Einen alten Menschen soll man nicht aus seiner gewohnten Umgebung reißen.*

Reisende soll man nicht aufhalten. *Jemanden, der einen Ort verlassen will, soll man nicht zurückhalten.*

Man soll den Tag nicht vor dem Abend loben. *Von anfänglichem Erfolg/Glück soll man sich nicht in Sicherheit wiegen lassen.*

 Ähnliche Verben

müssen
mögen
wollen
können

 Gebrauch

Das Verb sollen gehört zu den Modalverben (▷ Grammatik rund ums Verb, **1.3**) und verbindet sich mit einem Vollverb, das im Infinitiv am Ende des Satzes steht. Das Verb sollen wird verwendet, wenn man ausdrücken möchte, dass es um eine Verpflichtung oder Aufgabe geht, die oft von einer anderen Person auferlegt wurde. Mit sollen im Konjunktiv II drückt man einen irrealen Wunsch oder eine höfliche Aufforderung oder einen Ratschlag aus.

(59) stehen

Stammvokalwechsel e → a → a

Indikativ

Präsens		Perfekt			Futur I		
ich	stehe	ich	habe	gestanden	ich	werde	stehen
du	stehst	du	hast	gestanden	du	wirst	stehen
er	steht	er	hat	gestanden	er	wird	stehen
wir	stehen	wir	haben	gestanden	wir	werden	stehen
ihr	steht	ihr	habt	gestanden	ihr	werdet	stehen
sie	stehen	sie	haben	gestanden	sie	werden	stehen

Präteritum		Plusquamperfekt			Futur II			
ich	stand	ich	hatte	gestanden	ich	werde	gestanden	haben
du	stand(e)st	du	hattest	gestanden	du	wirst	gestanden	haben
er	stand	er	hatte	gestanden	er	wird	gestanden	haben
wir	standen	wir	hatten	gestanden	wir	werden	gestanden	haben
ihr	standet	ihr	hattet	gestanden	ihr	werdet	gestanden	haben
sie	standen	sie	hatten	gestanden	sie	werden	gestanden	haben

Konjunktiv

Konjunktiv I		Perfekt			Futur I		
ich	stehe	ich	habe	gestanden	ich	werde	stehen
du	stehest	du	habest	gestanden	du	werdest	stehen
er	stehe	er	habe	gestanden	er	werde	stehen
wir	stehen	wir	haben	gestanden	wir	werden	stehen
ihr	stehet	ihr	habet	gestanden	ihr	werdet	stehen
sie	stehen	sie	haben	gestanden	sie	werden	stehen

Konjunktiv II		Plusquamperfekt			Futur II			
ich	stünde/stände	ich	hätte	gestanden	ich	werde	gestanden	haben
du	stündest/ständest	du	hättest	gestanden	du	werdest	gestanden	haben
er	stünde/stände	er	hätte	gestanden	er	werde	gestanden	haben
wir	stünden/ständen	wir	hätten	gestanden	wir	werden	gestanden	haben
ihr	stündet/ständet	ihr	hättet	gestanden	ihr	werdet	gestanden	haben
sie	stünden/ständen	sie	hätten	gestanden	sie	werden	gestanden	haben

Infinitiv

Perfekt

gestanden haben/sein

Partizip

Partizip I

stehend

Partizip II

gestanden

Imperativ

steh(e)

stehen wir

steht

stehen Sie

Anwendungsbeispiele

Das Buch, das du suchst, **steht** links im Regal. *Das Buch, das du suchst, befindet sich links im Regal.*
Was **steht** denn auf dem Plan? *Was ist denn auf dem Plan geschrieben?*
Bis November muss das Gebäude **stehen**. *Bis November muss das Gebäude fertig sein.*
Der Hut **stand** ihr sehr gut. *Der Hut passte gut zu ihr.*
Auf Mord **steht** die Höchststrafe. *Auf Mord gibt es die Höchststrafe.*
Er **hat** immer zu seinem Wort **gestanden**. *Er hat sich immer zu seinem Wort bekannt.*

 Redewendungen

bis hier/da oben stehen *etw. nicht mehr ertragen können*
auf dem Spiel stehen *in Gefahr sein*
im Vordergrund stehen *Priorität haben*
vor dem Nichts stehen *alles verloren haben*
sich die Beine in den Bauch stehen *sehr lange irgendwo warten müssen*

 Ähnliche Verben

lehnen	anstehen
sich aufhalten	aufstehen
sich befinden	ausstehen
sein	bestehen
aussetzen	beistehen
passen	vorstehen

 Aufgepasst!

In Süddeutschland, der Schweiz und Österreich wird das Perfekt und Plusquamperfekt von stehen mit dem Hilfsverb sein gebildet.
Im Konjunktiv II gibt es zwei Formen: er **stünde**/er **stände**. Allerdings ist die ältere Form er **stünde** gebräuchlicher.

 Tipps & Tricks

Von dem Verb stehen lassen sich viele Wörter ableiten, nicht nur Verben mit Präfixen. Lernen Sie in Wortfamilien: **Stand**, Ver**stand**, Be**stand**, **Steh**lampe, **Steh**empfang, **Steh**kragen usw.

60 stoßen

Stammvokalwechsel o → ie → o

Indikativ

Präsens		Perfekt			Futur I		
ich	stoße	ich	habe	gestoßen	ich	werde	stoßen
du	stößt	du	hast	gestoßen	du	wirst	stoßen
er	stößt	er	hat	gestoßen	er	wird	stoßen
wir	stoßen	wir	haben	gestoßen	wir	werden	stoßen
ihr	stoßt	ihr	habt	gestoßen	ihr	werdet	stoßen
sie	stoßen	sie	haben	gestoßen	sie	werden	stoßen

Präteritum		Plusquamperfekt			Futur II			
ich	stieß	ich	hatte	gestoßen	ich	werde	gestoßen	haben
du	stießest	du	hattest	gestoßen	du	wirst	gestoßen	haben
er	stieß	er	hatte	gestoßen	er	wird	gestoßen	haben
wir	stießen	wir	hatten	gestoßen	wir	werden	gestoßen	haben
ihr	stieß(e)t	ihr	hattet	gestoßen	ihr	werdet	gestoßen	haben
sie	stießen	sie	hatten	gestoßen	sie	werden	gestoßen	haben

Konjunktiv

Konjunktiv I		Perfekt			Futur I		
ich	stoße	ich	habe	gestoßen	ich	werde	stoßen
du	stoßest	du	habest	gestoßen	du	werdest	stoßen
er	stoße	er	habe	gestoßen	er	werde	stoßen
wir	stoßen	wir	haben	gestoßen	wir	werden	stoßen
ihr	stoßet	ihr	habet	gestoßen	ihr	werdet	stoßen
sie	stoßen	sie	haben	gestoßen	sie	werden	stoßen

Konjunktiv II		Plusquamperfekt			Futur II			
ich	stieße	ich	hätte	gestoßen	ich	werde	gestoßen	haben
du	stießest	du	hättest	gestoßen	du	werdest	gestoßen	haben
er	stieße	er	hätte	gestoßen	er	werde	gestoßen	haben
wir	stießen	wir	hätten	gestoßen	wir	werden	gestoßen	haben
ihr	stießet	ihr	hättet	gestoßen	ihr	werdet	gestoßen	haben
sie	stießen	sie	hätten	gestoßen	sie	werden	gestoßen	haben

Infinitiv

Perfekt

gestoßen haben/sein

Partizip

Partizip I

stoßend

Partizip II

gestoßen

Imperativ

stoß(e)

stoßen wir

stoßt

stoßen Sie

Anwendungsbeispiele

Sie **ist** mit dem Fuß gegen das Tischbein **gestoßen**. *Sie ist mit dem Fuß gegen das Tischbein geprallt.*
Er **stieß** sie absichtlich in den Pool. *Er schubste sie absichtlich in den Pool.*
Ich **bin** zufällig auf dieses Antiquariat **gestoßen**. *Ich habe zufällig dieses Antiquariat entdeckt.*
Der Minister **stößt** mit seinem Vorhaben auf Widerstand. *Der Minister trifft mit seinem Vorhaben unerwartet auf Gegenwehr.*

 Redewendungen

an seine Grenzen stoßen *überfordert werden*
auf taube Ohren stoßen *ignoriert werden*
jmdm. vor den Kopf stoßen *jmdn. kränken, brüskieren, unhöflich behandeln*
jmdm. mit der Nase auf etw. stoßen *jmdn. deutlich auf etw. hinweisen*

 Ähnliche Verben

prallen	abstoßen
schlagen	anstoßen
antreffen	nachstoßen
begegnen	umstoßen
vorfinden	verstoßen
sich anschließen	vorstoßen

 Gebrauch

Wenn das Verb **stoßen** reflexiv oder mit einem direkten Akkusativobjekt gebraucht wird, wird das Perfekt und Plusquamperfekt mit dem Hilfsverb **haben** gebildet:
Ich **habe** mir den Kopf gestoßen.
Steht das Verb zusammen mit einem Präpositionalobjekt im Akkusativ (an, auf, gegen) verwendet man das Hilfsverb **sein**:
Ich **bin** mit dem Kopf gegen die Wand gestoßen.
Sie **ist** auf ein Problem gestoßen.

treffen

Stammvokalwechsel e → a → o

Indikativ

Präsens
ich	treffe
du	triffst
er	trifft
wir	treffen
ihr	trefft
sie	treffen

Perfekt
ich	habe	getroffen
du	hast	getroffen
er	hat	getroffen
wir	haben	getroffen
ihr	habt	getroffen
sie	haben	getroffen

Futur I
ich	werde	treffen
du	wirst	treffen
er	wird	treffen
wir	werden	treffen
ihr	werdet	treffen
sie	werden	treffen

Präteritum
ich	traf
du	trafst
er	traf
wir	trafen
ihr	traft
sie	trafen

Plusquamperfekt
ich	hatte	getroffen
du	hattest	getroffen
er	hatte	getroffen
wir	hatten	getroffen
ihr	hattet	getroffen
sie	hatten	getroffen

Futur II
ich	werde	getroffen	haben
du	wirst	getroffen	haben
er	wird	getroffen	haben
wir	werden	getroffen	haben
ihr	werdet	getroffen	haben
sie	werden	getroffen	haben

Konjunktiv

Konjunktiv I
ich	treffe
du	treffest
er	treffe
wir	treffen
ihr	treffet
sie	treffen

Perfekt
ich	habe	getroffen
du	habest	getroffen
er	habe	getroffen
wir	haben	getroffen
ihr	habet	getroffen
sie	haben	getroffen

Futur I
ich	werde	treffen
du	werdest	treffen
er	werde	treffen
wir	werden	treffen
ihr	werdet	treffen
sie	werden	treffen

Konjunktiv II
ich	träfe
du	träfest
er	träfe
wir	träfen
ihr	träfet
sie	träfen

Plusquamperfekt
ich	hätte	getroffen
du	hättest	getroffen
er	hätte	getroffen
wir	hätten	getroffen
ihr	hättet	getroffen
sie	hätten	getroffen

Futur II
ich	werde	getroffen	haben
du	werdest	getroffen	haben
er	werde	getroffen	haben
wir	werden	getroffen	haben
ihr	werdet	getroffen	haben
sie	werden	getroffen	haben

Infinitiv
Perfekt
getroffen haben

Partizip
Partizip I
treffend

Partizip II
getroffen

Imperativ
triff
treffen wir
trefft
treffen Sie

Anwendungsbeispiele

Er **hat** ihn mit dem Schläger am Kopf **getroffen**. *Er hat ihn mit dem Schläger an den Kopf geschlagen.*

Im Supermarkt **traf** sie ihren alten Schulfreund. *Im Supermarkt begegnete sie ihrem alten Schulfreund.*

Für den Umzug **sind** alle Vorkehrungen **getroffen worden**. *Für den Umzug sind alle Vorkehrungen beschlossen und durchgeführt worden.*

Die Nachricht **wird** ihn schwer **treffen**. *Die Nachricht wird ihn sehr schockieren.*

 Redewendungen

ins Schwarze treffen *das Richtige erkennen*

den Nagel auf den Kopf treffen *den Kernpunkt einer Sache in einer Äußerung prägnant erfassen*

jmdn. ins Herz treffen *jmdn. schmerzlich berühren*

Vorsorge treffen *für etw. Kommendes sorgen*

sich auf halbem Weg(e) treffen *sich auf einen Kompromiss einigen*

 Ähnliche Verben

auffinden	auftreffen
begegnen	betreffen
aufkommen	eintreffen
erfassen	übertreffen
schockieren	vortreffen
beschließen	zusammentreffen

 Aufgepasst!

Im Präsens Indikativ gibt es bei der 2. und 3. Person Singular einen Vokalwechsel von -e zu -i (▷ Grammatik rund ums Verb, 1.1.1).

Da sich der Stammvokal im Präteritum und Konjunktiv II von einem kurzen Vokal (**treffen**) zu einem langen Vokal (**traf**, **träfe**) ändert, entfällt ein -f. Im Deutschen steht normalerweise nach einem langen Vokal kein Doppelkonsonant.

 **trinken**

Stammvokalwechsel i → a → u

Indikativ

Präsens	Perfekt		Futur I	
ich trinke	ich habe	getrunken	ich werde	trinken
du trinkst	du hast	getrunken	du wirst	trinken
er trinkt	er hat	getrunken	er wird	trinken
wir trinken	wir haben	getrunken	wir werden	trinken
ihr trinkt	ihr habt	getrunken	ihr werdet	trinken
sie trinken	sie haben	getrunken	sie werden	trinken

Präteritum	Plusquamperfekt		Futur II		
ich trank	ich hatte	getrunken	ich werde	getrunken	haben
du trankst	du hattest	getrunken	du wirst	getrunken	haben
er trank	er hatte	getrunken	er wird	getrunken	haben
wir tranken	wir hatten	getrunken	wir werden	getrunken	haben
ihr trankt	ihr hattet	getrunken	ihr werdet	getrunken	haben
sie tranken	sie hatten	getrunken	sie werden	getrunken	haben

Konjunktiv

Konjunktiv I	Perfekt		Futur I	
ich trinke	ich habe	getrunken	ich werde	trinken
du trinkest	du habest	getrunken	du werdest	trinken
er trinke	er habe	getrunken	er werde	trinken
wir trinken	wir haben	getrunken	wir werden	trinken
ihr trinket	ihr habet	getrunken	ihr werdet	trinken
sie trinken	sie haben	getrunken	sie werden	trinken

Konjunktiv II	Plusquamperfekt		Futur II		
ich tränke	ich hätte	getrunken	ich werde	getrunken	haben
du tränkest	du hättest	getrunken	du werdest	getrunken	haben
er tränke	er hätte	getrunken	er werde	getrunken	haben
wir tränken	wir hätten	getrunken	wir werden	getrunken	haben
ihr tränket	ihr hättet	getrunken	ihr werdet	getrunken	haben
sie tränken	sie hätten	getrunken	sie werden	getrunken	haben

Infinitiv	Partizip	Imperativ
Perfekt	**Partizip I**	trink(e)
getrunken haben	trinkend	trinken wir
	Partizip II	trinkt
	getrunken	trinken Sie

Anwendungsbeispiele

Sie **trinkt** gern grünen Tee. *Sie nimmt gern grünen Tee zu sich.*
Man muss die heiße Suppe langsam **trinken**. *Man muss die heiße Suppe langsam zu sich nehmen.*
Auf dem Schützenfest **wird** viel **getrunken**. *Auf dem Schützenfest wird viel gesoffen.*
Wir **haben** gestern **auf** unsere Freundschaft **getrunken**. *Wir haben gestern auf unsere Freundschaft angestoßen.*

 Redewendungen

auf ex trinken *das Glas in einem Zug leeren*
Brüderschaft trinken *die Duzfreundschaft mit einem Schluck Alkohol besiegeln*
einen trinken *etw. Alkoholisches trinken*
einen über den Durst trinken *zu viel Alkohol trinken*
Wasser predigen und Wein trinken *andere zu Genügsamkeit aufrufen, aber selber verschwenderisch leben*

 Ähnliche Verben

schlürfen
hinunterstürzen (umgs.)
hinunterspülen (umgs.)
saufen (umgs.)
bechern (umgs.)
wegkippen (umgs.)
zechen (umgs.)

austrinken
betrinken
ertrinken
mittrinken
wegtrinken

 Gebrauch

Das Verb trinken impliziert häufig, dass es sich um den Konsum von alkoholischen Getränken handelt. Der kontextlose Satz „Ich habe gestern viel getrunken" wird von den meisten Deutschen interpretiert als „Ich habe gestern viel Alkohol getrunken".

 Tipps & Tricks

Wie trinken werden auch folgende Verben konjugiert: gelingen, klingen, springen, stinken und zwingen. Bilden Sie Sätze mit den unregelmäßigen Formen:
Das Lied **klang** wunderbar.

63 tun

Stammvokalwechsel u → a → a

Indikativ

Präsens	Perfekt	Futur I
ich tu(e)	ich habe getan	ich werde tun
du tust	du hast getan	du wirst tun
er tut	er hat getan	er wird tun
wir tun	wir haben getan	wir werden tun
ihr tut	ihr habt getan	ihr werdet tun
sie tun	sie haben getan	sie werden tun

Präteritum	Plusquamperfekt	Futur II
ich tat	ich hatte getan	ich werde getan haben
du tat(e)st	du hattest getan	du wirst getan haben
er tat	er hatte getan	er wird getan haben
wir taten	wir hatten getan	wir werden getan haben
ihr tatet	ihr hattet getan	ihr werdet getan haben
sie taten	sie hatten getan	sie werden getan haben

Konjunktiv

Konjunktiv I	Perfekt	Futur I
ich tue	ich habe getan	ich werde tun
du tuest	du habest getan	du werdest tun
er tue	er habe getan	er werde tun
wir tun	wir haben getan	wir werden tun
ihr tuet	ihr habet getan	ihr werdet tun
sie tun	sie haben getan	sie werden tun

Konjunktiv II	Plusquamperfekt	Futur II
ich täte	ich hätte getan	ich werde getan haben
du tätest	du hättest getan	du werdest getan haben
er täte	er hätte getan	er werde getan haben
wir täten	wir hätten getan	wir werden getan haben
ihr tätet	ihr hättet getan	ihr werdet getan haben
sie täten	sie hätten getan	sie werden getan haben

Infinitiv

Perfekt

getan haben

Partizip

Partizip I

tuend

Partizip II

getan

Imperativ

tu(e)

tun wir

tut

tun Sie

Anwendungsbeispiele

Das **haben** wir doch gerne **getan**. *Das haben wir doch gerne gemacht.*
Ich habe diese Woche noch viel zu **tun**. *Ich habe diese Woche noch viel zu erledigen.*
Die Regierung **tat** nichts **gegen** die Korruption. *Die Regierung unternahm nichts gegen die Korruption.*
Tu das Geschirr in den Geschirrspüler! *Räum das Geschirr in den Geschirrspüler!*
Der Hund **tut** dir nichts. *Der Hund beißt dich nicht.*

 Redewendungen

nur so tun *sich verstellen*
einer Sache keinen Abbruch tun *etw. nicht beeinträchtigen*
Abbitte tun *um Verzeihung bitten*
mit etw. zu tun haben *mit etw. zusammenhängen, sich mit etw. befassen*
mit etw. nichts zu tun haben *für etw. nicht zuständig sein*

 Ähnliche Verben

sich befassen	abtun
sich betätigen	antun
machen	vertun
unternehmen	wehtun
ausführen	
verwirklichen	
handeln	
arbeiten	

 Aufgepasst!

Im Präteritum und im Konjunktiv II wird an den Stammvokal -a ein -t angehängt. Dadurch muss in der 2. Person Plural ein -e eingeschoben werden (**tatet**). In der 2. Person Singular kann ebenfalls ein -e eingeschoben werden. Das Verb (**tatest**) lässt sich dann leichter aussprechen.

64 verlieren

Stammvokalwechsel ie → o → o

Indikativ

Präsens		Perfekt			Futur I		
ich	verliere	ich	habe	verloren	ich	werde	verlieren
du	verlierst	du	hast	verloren	du	wirst	verlieren
er	verliert	er	hat	verloren	er	wird	verlieren
wir	verlieren	wir	haben	verloren	wir	werden	verlieren
ihr	verliert	ihr	habt	verloren	ihr	werdet	verlieren
sie	verlieren	sie	haben	verloren	sie	werden	verlieren

Präteritum		Plusquamperfekt			Futur II			
ich	verlor	ich	hatte	verloren	ich	werde	verloren	haben
du	verlorst	du	hattest	verloren	du	wirst	verloren	haben
er	verlor	er	hatte	verloren	er	wird	verloren	haben
wir	verloren	wir	hatten	verloren	wir	werden	verloren	haben
ihr	verlort	ihr	hattet	verloren	ihr	werdet	verloren	haben
sie	verloren	sie	hatten	verloren	sie	werden	verloren	haben

Konjunktiv

Konjunktiv I		Perfekt			Futur I		
ich	verliere	ich	habe	verloren	ich	werde	verlieren
du	verlierest	du	habest	verloren	du	werdest	verlieren
er	verliere	er	habe	verloren	er	werde	verlieren
wir	verlieren	wir	haben	verloren	wir	werden	verlieren
ihr	verlieret	ihr	habet	verloren	ihr	werdet	verlieren
sie	verlieren	sie	haben	verloren	sie	werden	verlieren

Konjunktiv II		Plusquamperfekt			Futur II			
ich	verlöre	ich	hätte	verloren	ich	werde	verloren	haben
du	verlörest	du	hättest	verloren	du	werdest	verloren	haben
er	verlöre	er	hätte	verloren	er	werde	verloren	haben
wir	verlören	wir	hätten	verloren	wir	werden	verloren	haben
ihr	verlöret	ihr	hättet	verloren	ihr	werdet	verloren	haben
sie	verlören	sie	hätten	verloren	sie	werden	verloren	haben

Infinitiv

Perfekt

verloren haben

Partizip

Partizip I

verlierend

Partizip II

verloren

Imperativ

verlier(e)

verlieren wir

verliert

verlieren Sie

Anwendungsbeispiele

Sie **hat** beim Joggen ihren Haustürschlüssel **verloren**. *Sie hat beim Joggen ihren Haustürschlüssel irgendwo fallen lassen.*
Wenn du die Wette **verlierst**, bekomme ich 10 € von dir. *Wenn du bei der Wette nicht gewinnst, bekomme ich 10 € von dir.*
Im Herbst **verlieren** die Bäume ihre Blätter. *Im Herbst werfen die Bäume ihre Blätter ab.*
Der Tennisweltmeister **verlor** nach 5 Sätzen. *Der Tennisweltmeister unterlag nach 5 Sätzen.*

 Redewendungen

den Faden verlieren *beim Sprechen vergessen, was man sagen wollte*
das Gesicht verlieren *sein Ansehen verlieren*
den Halt verlieren *die Kontrolle verlieren*
die Fassung verlieren *geschockt sein, sich nicht mehr unter Kontrolle haben*
kein Wort über etw. verlieren *etw. nicht erwähnen*

 Ähnliche Verben

verlegen
verschusseln (umgs.)
abwerfen
einbüßen
scheitern
unterliegen

 Aufgepasst!

Insbesondere in der gesprochenen Sprache wird die Konjunktiv II-Form er **verlöre** durch die **würde**-Form ersetzt (▷ Grammatik rund ums Verb, **3.1**). Dies gilt für die regelmäßigen Verben und für die meisten unregelmäßigen.
Mir ist, als **verlöre** ich den Verstand. (Schriftsprache)
Mir ist, als **würde** ich den Verstand **verlieren**. (mündlicher Sprachgebrauch)

65 wachsen

Stammvokalwechsel a → u → a

Indikativ

Präsens	Perfekt		Futur I	
ich wachse	ich bin	gewachsen	ich werde	wachsen
du wächst	du bist	gewachsen	du wirst	wachsen
er wächst	er ist	gewachsen	er wird	wachsen
wir wachsen	wir sind	gewachsen	wir werden	wachsen
ihr wachst	ihr seid	gewachsen	ihr werdet	wachsen
sie wachsen	sie sind	gewachsen	sie werden	wachsen

Präteritum	Plusquamperfekt		Futur II		
ich wuchs	ich war	gewachsen	ich werde	gewachsen	sein
du wuchst	du warst	gewachsen	du wirst	gewachsen	sein
er wuchs	er war	gewachsen	er wird	gewachsen	sein
wir wuchsen	wir waren	gewachsen	wir werden	gewachsen	sein
ihr wuchst	ihr wart	gewachsen	ihr werdet	gewachsen	sein
sie wuchsen	sie waren	gewachsen	sie werden	gewachsen	sein

Konjunktiv

Konjunktiv I	Perfekt		Futur I	
ich wachse	ich sei	gewachsen	ich werde	wachsen
du wachsest	du sei(e)st	gewachsen	du werdest	wachsen
er wachse	er sei	gewachsen	er werde	wachsen
wir wachsen	wir seien	gewachsen	wir werden	wachsen
ihr wachset	ihr sei(e)t	gewachsen	ihr werdet	wachsen
sie wachsen	sie seien	gewachsen	sie werden	wachsen

Konjunktiv II	Plusquamperfekt		Futur II		
ich wüchse	ich wäre	gewachsen	ich werde	gewachsen	sein
du wüchsest	du wär(e)st	gewachsen	du werdest	gewachsen	sein
er wüchse	er wäre	gewachsen	er werde	gewachsen	sein
wir wüchsen	wir wären	gewachsen	wir werden	gewachsen	sein
ihr wüchset	ihr wär(e)t	gewachsen	ihr werdet	gewachsen	sein
sie wüchsen	sie wären	gewachsen	sie werden	gewachsen	sein

Infinitiv

Perfekt

gewachsen sein

Partizip

Partizip I

wachsend

Partizip II

gewachsen

Imperativ

wachs(e)

wachsen wir

wachst

wachsen Sie

Anwendungsbeispiele

Oh, deine Tochter **ist** aber ganz schön **gewachsen**! *Oh, deine Tochter ist aber ganz schön groß geworden.*
Auf diesem trockenen Boden **wächst** gar nichts. *Auf diesem trockenen Boden gedeiht gar nichts.*
Ihr Interesse am Buddhismus **ist** in den letzten Monaten **gewachsen**. *Ihr Interesse am Buddhismus hat sich in den letzten Monaten verstärkt.*
Die Wirtschaft **wächst** nicht mehr so stark. *Die Wirtschaft boomt nicht mehr.*

 Redewendungen

über den Kopf wachsen *etw. nicht mehr bewältigen können*
wie Pilze aus dem Boden wachsen *plötzlich in großer Anzahl auftreten*
an/mit seinen Aufgaben wachsen *sich mit jeder gelösten Aufgabe weiterentwickeln*

 Ähnliche Verben

anschwellen	anwachsen
ansteigen	aufwachsen
sich ausbreiten	auswachsen
sich erhöhen	mitwachsen
sich vermehren	verwachsen
sich verstärken	zusammenwachsen
expandieren	zuwachsen
gedeihen	
sich entwickeln	
boomen	

⚡ **Aufgepasst!**

Beim Verb wachsen kommt es im Präsens Indikativ in der 2. und 3. Person Singular zum Vokalwechsel von -a zu -ä (▷ Grammatik rund ums Verb, **1.1.1**).
Da der Verbstamm im Präsens auf -s endet, entfällt in der 2. Person Singular Indikativ das -s der Personalendung -st (**du wächst**).

66 wenden

Stammvokalwechsel e → a → a

Indikativ

Präsens		Perfekt			Futur I		
ich	wende	ich	habe	gewandt	ich	werde	wenden
du	wendest	du	hast	gewandt	du	wirst	wenden
er	wendet	er	hat	gewandt	er	wird	wenden
wir	wenden	wir	haben	gewandt	wir	werden	wenden
ihr	wendet	ihr	habt	gewandt	ihr	werdet	wenden
sie	wenden	sie	haben	gewandt	sie	werden	wenden

Präteritum		Plusquamperfekt			Futur II			
ich	wandte	ich	hatte	gewandt	ich	werde	gewandt	haben
du	wandtest	du	hattest	gewandt	du	wirst	gewandt	haben
er	wandte	er	hatte	gewandt	er	wird	gewandt	haben
wir	wandten	wir	hatten	gewandt	wir	werden	gewandt	haben
ihr	wandtet	ihr	hattet	gewandt	ihr	werdet	gewandt	haben
sie	wandten	sie	hatten	gewandt	sie	werden	gewandt	haben

Konjunktiv

Konjunktiv I		Perfekt			Futur I		
ich	wende	ich	habe	gewandt	ich	werde	wenden
du	wendest	du	habest	gewandt	du	werdest	wenden
er	wende	er	habe	gewandt	er	werde	wenden
wir	wenden	wir	haben	gewandt	wir	werden	wenden
ihr	wendet	ihr	habet	gewandt	ihr	werdet	wenden
sie	wenden	sie	haben	gewandt	sie	werden	wenden

Konjunktiv II		Plusquamperfekt			Futur II			
ich	wendete	ich	hätte	gewandt	ich	werde	gewandt	haben
du	wendetest	du	hättest	gewandt	du	werdest	gewandt	haben
er	wendete	er	hätte	gewandt	er	werde	gewandt	haben
wir	wendeten	wir	hätten	gewandt	wir	werden	gewandt	haben
ihr	wendetet	ihr	hättet	gewandt	ihr	werdet	gewandt	haben
sie	wendeten	sie	hätten	gewandt	sie	werden	gewandt	haben

Infinitiv

Perfekt

gewandt haben

Partizip

Partizip I

wendend

Partizip II

gewandt/gewendet

Imperativ

wend(e)

wenden wir

wendet

wenden Sie

Anwendungsbeispiele

Neugierig **wendete** er den Brief und las weiter. *Neugierig drehte er den Brief um und las weiter.*

Hier sind wir falsch, wir müssen **wenden**. *Hier sind wir falsch, wir müssen umkehren.*

Wenden Sie **sich** an einen Anwalt. *Kontaktieren Sie einen Anwalt.*

Das Magazin **wendet sich** an junge Familien. *Das Magazin ist für junge Familien bestimmt.*

 Redewendungen

kein Auge von jmdm./etw. wenden *jmdn./etw. aufmerksam beobachten*
das Blatt wenden *die Situation verändern*

 Ähnliche Verben

(herum)drehen	abwenden
umkehren	anwenden
zurückfahren	bewenden
zurückgehen	entwenden
sich ändern	verwenden
sich wandeln	zuwenden
ansprechen	

 Aufgepasst!

Das Verb wenden kann sowohl regelmäßig als auch unregelmäßig konjugiert werden. Die regelmäßigen Formen werden verwendet, wenn das Verb die Bedeutung eines Richtungswechsels oder des Umdrehens hat.

Da der Verbstamm von **wenden** auf -den endet, wird im Präsens Indikativ in der 2. und 3. Person Singular und in der 2. Person Plural ein -e eingeschoben (▷ Grammatik rund ums Verb, **1.1.1**). Das gilt allerdings nicht für die unregelmäßigen Formen im Präteritum (er **wand**te). Hier wird das -d wie auch beim unregelmäßigen Partizip II (**gewandt**) nicht gesprochen.

 Tipps & Tricks

Lernen Sie das Verb **wenden** zusammen mit dem Verb **senden**. Dieses folgt dem gleichen Konjugationsmuster und kann auch regelmäßig (Bedeutung: **ausstrahlen**) und unregelmäßig (Bedeutung: **schicken**) konjugiert werden.

 **werfen** Stammvokalwechsel e → a → o

Indikativ

Präsens	Perfekt	Futur I
ich werfe	ich habe geworfen	ich werde werfen
du wirfst	du hast geworfen	du wirst werfen
er wirft	er hat geworfen	er wird werfen
wir werfen	wir haben geworfen	wir werden werfen
ihr werft	ihr habt geworfen	ihr werdet werfen
sie werfen	sie haben geworfen	sie werden werfen

Präteritum	Plusquamperfekt	Futur II
ich warf	ich hatte geworfen	ich werde geworfen haben
du warfst	du hattest geworfen	du wirst geworfen haben
er warf	er hatte geworfen	er wird geworfen haben
wir warfen	wir hatten geworfen	wir werden geworfen haben
ihr warft	ihr hattet geworfen	ihr werdet geworfen haben
sie warfen	sie hatten geworfen	sie werden geworfen haben

Konjunktiv

Konjunktiv I	Perfekt	Futur I
ich werfe	ich habe geworfen	ich werde werfen
du werfest	du habest geworfen	du werdest werfen
er werfe	er habe geworfen	er werde werfen
wir werfen	wir haben geworfen	wir werden werfen
ihr werfet	ihr habet geworfen	ihr werdet werfen
sie werfen	sie haben geworfen	sie werden werfen

Konjunktiv II	Plusquamperfekt	Futur II
ich würfe	ich hätte geworfen	ich werde geworfen haben
du würfest	du hättest geworfen	du werdest geworfen haben
er würfe	er hätte geworfen	er werde geworfen haben
wir würfen	wir hätten geworfen	wir werden geworfen haben
ihr würfet	ihr hättet geworfen	ihr werdet geworfen haben
sie würfen	sie hätten geworfen	sie werden geworfen haben

Infinitiv

Perfekt
geworfen haben

Partizip

Partizip I
werfend

Partizip II
geworfen

Imperativ

wirf
werfen wir
werft
werfen Sie

Anwendungsbeispiele

Wirf das bitte in den Müll! *Schmeiß das bitte in den Müll!*

Die Braut **warf** ihren Strauß in die Menge. *Die Braut schleuderte ihren Strauß in die Menge.*

Unsere Katze **hat** gestern drei Junge **geworfen**. *Unsere Katze hat gestern drei Junge geboren.*

 Redewendungen

ein Auge auf jmdn./etw. werfen *Gefallen an jmdm./etw. finden*

den ersten Stein werfen *einen Streit anfangen*

Perlen vor die Säue werfen *jmdm. etw. geben, was die Person nicht zu schätzen weiß*

etw. über den Haufen werfen *etw. vereiteln, verhindern*

sich in Schale werfen *sich chic, elegant kleiden*

jmdm. etw. an den Kopf werfen *jmdn. scharf kritisieren*

etw. über Bord werfen *z. B. Ideen, Überzeugungen aufgeben*

 Ähnliche Verben

ausstoßen	abwerfen
katapultieren	anwerfen
schießen	auswerfen
schleudern	einwerfen
stoßen	hinwerfen
schmeißen (umgs.)	vorwerfen
gebären	zuwerfen

 Aufgepasst!

Im Präsens Indikativ kommt es bei der 2. und 3. Person Singular zu einem Vokalwechsel von -e zu -i (▷ Grammatik rund ums Verb, **1.1.1**). Der Konjunktiv II von **werfen** leitet sich nicht vom Präteritum (er **warf**) ab, sondern lautet er **würfe**.

 Tipps & Tricks

Folgende Verben werden nach demselben Muster wie **werfen** konjugiert: bergen, verbergen, bewerben, werben, verderben und sterben.

wissen

Stammvokalwechsel i → u → u

Indikativ

Präsens	Perfekt	Futur I
ich **weiß**	ich habe gewusst	ich werde wissen
du **weißt**	du hast gewusst	du wirst wissen
er **weiß**	er hat gewusst	er wird wissen
wir wissen	wir haben gewusst	wir werden wissen
ihr wisst	ihr habt gewusst	ihr werdet wissen
sie wissen	sie haben gewusst	sie werden wissen

Präteritum	Plusquamperfekt	Futur II
ich **wusste**	ich hatte gewusst	ich werde gewusst haben
du **wusstest**	du hattest gewusst	du wirst gewusst haben
er **wusste**	er hatte gewusst	er wird gewusst haben
wir **wussten**	wir hatten gewusst	wir werden gewusst haben
ihr **wusstet**	ihr hattet gewusst	ihr werdet gewusst haben
sie **wussten**	sie hatten gewusst	sie werden gewusst haben

Konjunktiv

Konjunktiv I	Perfekt	Futur I
ich wisse	ich habe gewusst	ich werde wissen
du wissest	du habest gewusst	du werdest wissen
er wisse	er habe gewusst	er werde wissen
wir wissen	wir haben gewusst	wir werden wissen
ihr wisset	ihr habet gewusst	ihr werdet wissen
sie wissen	sie haben gewusst	sie werden wissen

Konjunktiv II	Plusquamperfekt	Futur II
ich **wüsste**	ich hätte gewusst	ich werde gewusst haben
du **wüsstest**	du hättest gewusst	du werdest gewusst haben
er **wüsste**	er hätte gewusst	er werde gewusst haben
wir **wüssten**	wir hätten gewusst	wir werden gewusst haben
ihr **wüsstet**	ihr hättet gewusst	ihr werdet gewusst haben
sie **wüssten**	sie hätten gewusst	sie werden gewusst haben

Infinitiv

Perfekt

gewusst haben

Partizip

Partizip I

wissend

Partizip II

gewusst

Imperativ

wisse

wissen wir

wisst

wissen Sie

Anwendungsbeispiele

Er **weiß** alles über das Leben in der Wüste. *Er kennt sich mit dem Leben in der Wüste aus.*

Sie **wusste** alle Hauptstädte der Länder Europas. *Sie kannte alle Hauptstädte der Länder Europas.*

Ich **habe** nichts von deinen Plänen **gewusst.** *Ich hatte keine Kenntnis von deinen Plänen.*

 Redewendungen

weder ein noch aus wissen *völlig ratlos sein*
aus dem Kopf wissen *auswendig wissen*
nichts mit sich anzufangen wissen *sich langweilen*
Bescheid wissen *Kenntnis von etw. haben*

 Ähnliche Verben

sich auskennen
beherrschen
kennen
können
verstehen
vermögen

 Aufgepasst!

Das Verb wissen wird wie ein Modalverb konjugiert, ist aber keins (▷ Grammatik rund ums Verb, **1.1.1**). Im Präsens Indikativ kommt es in der 1., 2. und 3. Person zu einem Vokalwechsel von einem kurzen -i zu einem langen -ei, deshalb wird der Doppelkonsonant -ss zu -ß.

Das Verb wissen gehört zu den gemischten Verben, d. h., die Formen im Präteritum und das Partizip II haben regelmäßige Endungen (▷ Grammatik rund ums Verb, **1.1.2**).

Vom Verb wissen kann kein Passiv gebildet werden.

(69) **wollen**

Modalverb;
Vokalwechsel im Präsens

Indikativ

Präsens		Perfekt			Futur I		
ich	will	ich	habe	gewollt	ich	werde	wollen
du	willst	du	hast	gewollt	du	wirst	wollen
er	will	er	hat	gewollt	er	wird	wollen
wir	wollen	wir	haben	gewollt	wir	werden	wollen
ihr	wollt	ihr	habt	gewollt	ihr	werdet	wollen
sie	wollen	sie	haben	gewollt	sie	werden	wollen

Präteritum		Plusquamperfekt			Futur II			
ich	wollte	ich	hatte	gewollt	ich	werde	gewollt	haben
du	wolltest	du	hattest	gewollt	du	wirst	gewollt	haben
er	wollte	er	hatte	gewollt	er	wird	gewollt	haben
wir	wollten	wir	hatten	gewollt	wir	werden	gewollt	haben
ihr	wolltet	ihr	hattet	gewollt	ihr	werdet	gewollt	haben
sie	wollten	sie	hatten	gewollt	sie	werden	gewollt	haben

Konjunktiv

Konjunktiv I		Perfekt			Futur I		
ich	wolle	ich	habe	gewollt	ich	werde	wollen
du	wollest	du	habest	gewollt	du	werdest	wollen
er	wolle	er	habe	gewollt	er	werde	wollen
wir	wollen	wir	haben	gewollt	wir	werden	wollen
ihr	wollet	ihr	habet	gewollt	ihr	werdet	wollen
sie	wollen	sie	haben	gewollt	sie	werden	wollen

Konjunktiv II		Plusquamperfekt			Futur II			
ich	wollte	ich	hätte	gewollt	ich	werde	gewollt	haben
du	wolltest	du	hättest	gewollt	du	werdest	gewollt	haben
er	wollte	er	hätte	gewollt	er	werde	gewollt	haben
wir	wollten	wir	hätten	gewollt	wir	werden	gewollt	haben
ihr	wolltet	ihr	hättet	gewollt	ihr	werdet	gewollt	haben
sie	wollten	sie	hätten	gewollt	sie	werden	gewollt	haben

Infinitiv	Partizip	Imperativ
Perfekt	**Partizip I**	–
gewollt haben	wollend	–
	Partizip II	–
	gewollt	–
		–

Anwendungsbeispiele

Was **willst** du in den Ferien machen? *Was hast du in den Ferien vor?*
Ich **wollte** Sie bitten, dies zu prüfen. *Würden Sie dies bitte prüfen?*
Diese Blume **will** viel Sonne. *Diese Blume braucht viel Sonne.*
Das **habe** ich nicht **gewollt**! *Das habe ich nicht beabsichtigt!*

 Redewendungen

jmdm. etw. wollen *jmdm. etw. antun wollen*
nicht in den Sinn wollen *nicht verstehen können*
jmdn. auf den Mond schießen wollen *sehr wütend auf jmdn. sein, ihn loswerden wollen*
jmdm. an den Kragen wollen *gegen jmdn. vorgehen wollen*
jmdm. etw. glauben machen wollen *jmdm. etw. einreden wollen*

 Ähnliche Verben

beabsichtigen
begehren
planen
sich vornehmen
vorhaben
anstreben
mögen
wünschen
brauchen

 Gebrauch

Das Verb **wollen** gehört zu den Modalverben (▷ Grammatik rund ums Verb, 1.3).
Man verwendet es, wenn man den Wunsch oder die Absicht hat, etwas zu tun:
Ich **will** nach Kanada auswandern.
Es wird auch verwendet, wenn man etwas bekommen möchte oder wünscht,
dass ein anderer etwas Bestimmtes tut: Ich **will**, dass du mich in Ruhe lässt.

ziehen

Stammvokalwechsel ie → o → o

Indikativ

Präsens	Perfekt	Futur I
ich ziehe	ich habe gezogen	ich werde ziehen
du ziehst	du hast gezogen	du wirst ziehen
er zieht	er hat gezogen	er wird ziehen
wir ziehen	wir haben gezogen	wir werden ziehen
ihr zieht	ihr habt gezogen	ihr werdet ziehen
sie ziehen	sie haben gezogen	sie werden ziehen

Präteritum	Plusquamperfekt	Futur II
ich zog	ich hatte gezogen	ich werde gezogen haben
du zogst	du hattest gezogen	du wirst gezogen haben
er zog	er hatte gezogen	er wird gezogen haben
wir zogen	wir hatten gezogen	wir werden gezogen haben
ihr zogt	ihr hattet gezogen	ihr werdet gezogen haben
sie zogen	sie hatten gezogen	sie werden gezogen haben

Konjunktiv

Konjunktiv I	Perfekt	Futur I
ich ziehe	ich habe gezogen	ich werde ziehen
du ziehest	du habest gezogen	du werdest ziehen
er ziehe	er habe gezogen	er werde ziehen
wir ziehen	wir haben gezogen	wir werden ziehen
ihr ziehet	ihr habet gezogen	ihr werdet ziehen
sie ziehen	sie haben gezogen	sie werden ziehen

Konjunktiv II	Plusquamperfekt	Futur II
ich zöge	ich hätte gezogen	ich werde gezogen haben
du zögest	du hättest gezogen	du werdest gezogen haben
er zöge	er hätte gezogen	er werde gezogen haben
wir zögen	wir hätten gezogen	wir werden gezogen haben
ihr zöget	ihr hättet gezogen	ihr werdet gezogen haben
sie zögen	sie hätten gezogen	sie werden gezogen haben

Infinitiv	Partizip	Imperativ
Perfekt	**Partizip I**	zieh(e)
gezogen haben	ziehend	ziehen wir
	Partizip II	zieht
	gezogen	ziehen Sie

Anwendungsbeispiele

Die Schneehunde **ziehen** den Schlitten über das Eis. *Die Schneehunde bewegen den Schlitten über das Eis vorwärts.*

Sie **zog** ihr Handy aus der Tasche. *Sie nahm ihr Handy aus der Tasche heraus.*

In diesem Gewächshaus **werden** die tropischen Pflanzen **gezogen**. *In diesem Gewächshaus werden die tropischen Pflanzen gezüchtet.*

Mach das Fenster zu, es **zieht**! *Mach das Fenster zu, hier weht kalte Luft!*

Die Vögel **ziehen** in Richtung Süden. *Die Vögel begeben sich in Richtung Süden.*

 Redewendungen

vor jmdm. den Hut ziehen *jmdn. bewundern*

den Kürzeren ziehen *verlieren, unterlegen sein*

sich in die Länge ziehen *länger dauern als erwartet*

sich aus der Affäre ziehen *sich aus der Verantwortung stehlen*

jmdn. zur Rechenschaft ziehen *jmdn. zur Verantwortung ziehen*

in Betracht ziehen *erwägen, berücksichtigen*

etw. nach sich ziehen *Folgen haben*

 Ähnliche Verben

schleifen	abziehen
schleppen	anziehen
zerren	aufziehen
herausnehmen	ausziehen
reißen	einziehen
züchten	umziehen
wehen	verziehen

 Aufgepasst!

Beim Verb ziehen kommt es im Präteritum, Konjunktiv II und Partizip II sowohl zu einem Vokalwechsel als auch zu einem Konsonantenwechsel (du **zieh**st, du **zog**st, du **zög**est, ge**zog**en). Der Stammvokal wird immer lang gesprochen.

Verben mit Präposition

Eine Reihe deutscher Verben wird mit einer bestimmten Präposition benutzt. Einige Verben ziehen immer dieselbe Präposition nach sich, andere werden hingegen in Verbindung mit verschiedenen Präpositionen verwendet. Im Folgenden haben wir für Sie die geläufigsten deutschen Verben mit Präposition aufgelistet.

(A) Akkusativ
(D) Dativ

▸ abhängen **von** (D) .... *Der Erfolg des Geschäfts hängt vom Standort ab.*
achten **auf** (A) .... *Achten sie auf Ihre Wertsachen.*
ändern **an** (D) .... *An dieser Situation können wir nichts ändern.*
anfangen **mit** (D) .... *Sie hat mit dem Klavierunterricht angefangen.*
ankommen **auf** (A) .... *Das kommt auf das Wetter an.*
sich anpassen **an** (A) .... *Du musst dich nicht an jeden Trend anpassen.*
anrufen **bei** (D) .... *Hast du schon beim Arzt angerufen?*
antworten **auf** (A) .... *Könntest du bitte auf meine Frage antworten?*
sich ärgern **über** (A) .... *Klaus ärgert sich über seinen Kollegen.*
auffordern **zu** (D) .... *Er forderte sie zum Tanz auf.*
aufhören **mit** (D) .... *Sie hat mit dem Rauchen aufgehört.*
aufpassen **auf** (A) .... *Ich muss auf meinen kleinen Bruder aufpassen.*
sich aufregen **über** (A) .... *Reg dich nicht über die Nachbarn auf.*
ausgeben **für** (A) .... *Sie gibt ihr ganzes Geld für DVDs aus.*
▸ sich bedanken **bei** (D)/
    für (A) .... *Wir bedanken uns bei den Fans für ihre Treue.*
sich befassen **mit** (D) .... *Der Artikel befasst sich mit dem Klimawandel.*
sich befreien **von** (D) .... *Durch Meditation hat sie sich von dem Druck befreit.*
beginnen **mit** (D) .... *Um acht Uhr beginnt er mit der Arbeit.*
beitragen **zu** (D) .... *Vieles hat zu der Katastrophe beigetragen.*
sich beklagen **über** (A) .... *Sie beklagt sich nie über die Arbeit.*
sich bemühen **um** (A) .... *Ich habe mich um Anerkennung bemüht.*
berichten **über** (A) .... *Es wurde ausgiebig über die Krise berichtet.*
berichten **von** (D) .... *Ich habe dir doch von meinem Projekt berichtet.*
sich beschäftigen **mit** (D) ..... *Er beschäftigt sich mit den Finanzen.*
sich beschweren **über** (A) .... *Der Nachbar beschwerte sich über den Lärm.*
bestehen **auf** (A) .... *Ich bestehe darauf, dass du noch bleibst.*
bestehen **aus** (D) .... *Die Prüfung besteht aus vier Teilen.*
sich beteiligen **an** (D) .... *Beteiligst du dich an dem Geschenk?*
sich bewerben **um** (A) .... *Sie bewarb sich um die Stelle als Chefköchin.*

sich bewerben **bei** (D)	*Er hat sich bei vielen Kanzleien beworben.*
sich beziehen **auf** (A)	*Ich beziehe mich auf Ihr letztes Schreiben.*
bitten **um** (A)	*Ich bitte um eine schnelle Rückmeldung.*
▸ danken **für** (A)	*Er bedankte sich für die vielen Glückwünsche.*
denken **an** (A)	*Ich habe den ganzen Tag an dich gedacht.*
dienen **zu** (D)	*Das Geld dient zur Verbesserung der Verpflegung.*
diskutieren **über** (A)	*Sie diskutieren immer über die Finanzlage.*
▸ sich eignen **für** (A)	*Diese Schuhe eignen sich gut für Wanderungen.*
einladen **zu** (D)	*Ich würde Sie gerne zu einem Glas Wein einladen.*
sich einsetzen **für** (A)	*Wir setzen uns für Ihre Interessen ein!*
sich engagieren **für** (A)	*Sie engagieren sich für einen guten Zweck.*
sich entscheiden **für** (A)	*Er hat sich für die Stelle entschieden.*
sich entschuldigen **für** (A)	*Wir entschuldigen uns für die Verspätung.*
sich entschuldigen **bei** (D) ...	*Ich muss mich bei meiner Freundin entschuldigen.*
erfahren **von** (D)	*Er hat von dem Unglück noch nichts erfahren.*
sich erholen **von** (D)	*Bei uns können Sie sich von Ihrem Stress erholen.*
sich erinnern **an** (A)	*Ich glaube, sie erinnert sich nicht mehr an mich.*
erkennen **an** (D)	*Woran erkennt man, ob der Diamant echt ist?*
erkranken **an** (D)	*Er ist an Parkinson erkrankt.*
sich erkundigen **nach** (D)	*Sie erkundigte sich nach günstigen Wohnungen.*
erschrecken **vor** (D)	*Er hat sich vor einer Katze erschreckt.*
erzählen **von** (D)	*Sie hat sie ganze Zeit nur von ihrem Freund erzählt.*
experimentieren **mit** (D)	*Der Forscher experimentiert mit Ratten und Mäusen.*
▸ fehlen **an** (D)	*Ihnen fehlt es an Glaubwürdigkeit.*
fragen **nach** (D)	*Die Polizei hat nach dir gefragt.*
sich freuen **auf** (A)	*Wir freuen uns auf deinen Besuch.*
sich freuen **über** (A)	*Sie hat sich sehr über die Kette gefreut.*
führen **zu** (D)	*Das führt wieder zu einem Streit.*
sich fürchten **vor** (D)	*Peter fürchtet sich vor Schlangen.*
▸ garantieren **für** (A)	*Wir garantieren für Ihre Sicherheit.*
gehen **um** (A)	*In dem Buch geht es um den interreligiösen Dialog.*
gehören **zu** (D)	*Das Ehepaar gehört zu einer Sekte.*
geraten **in** (A)	*Wie bist du nur in diese Situation geraten?*
sich gewöhnen **an** (A)	*Er hat sich schnell an die neuen Verhältnisse gewöhnt.*
glauben **an** (A)	*Sie glauben an die Wirkung von Edelsteinen.*
gratulieren **zu** (D)	*Wir gratulieren zur bestandenen Prüfung.*
▸ halten **für** (A)	*Er hält sich selbst für einen Star.*

Verben mit Präposition

halten **von** (D)	*Was hältst du von dem neuen Lehrer?*
sich halten **an** (A)	*Jeder muss sich an die Regeln halten.*
sich handeln **um** (A)	*Es handelt sich um ein teures Unikat.*
hinweisen **auf** (A)	*Er wurde auf die Gefahren hingewiesen.*
hoffen **auf** (A)	*Die Landwirte hoffen auf eine gute Ernte.*
▸ informieren **über** (A)	*Wir müssen uns über die Details informieren.*
sich interessieren **für** (A)	*Er interessiert sich für Motorräder.*
sich irren **in** (D)	*In dieser Sache irrst du dich.*
▸ kämpfen **gegen** (A)	*Am Samstag kämpft er gegen den Weltmeister.*
kämpfen **mit** (D)	*Jetzt haben wir mit den Folgen zu kämpfen.*
kämpfen **um** (A)	*Sie kämpfen vor Gericht um das Sorgerecht.*
klagen **gegen** (A)	*Du solltest gegen die Firma klagen.*
klagen **über** (A)	*Immer klagt sie über Kopfschmerzen.*
sich konzentrieren **auf** (A)	*Ich muss mich auf die Arbeit konzentrieren.*
sich kümmern **um** (A)	*Kannst du dich um die Gäste kümmern?*
▸ lachen **über** (A)	*Keiner hat über den Witz gelacht.*
leiden **an** (D)	*Sie litt sehr an Migräne.*
leiden **unter** (D)	*Er leidet sehr unter der Einsamkeit.*
liegen **an** (D)	*Das liegt an deiner Faulheit, nicht am Lehrer.*
▸ nachdenken **über** (A)	*Darüber muss ich erst nachdenken.*
neigen **zu** (D)	*Er neigt zu Gewaltausbrüchen.*
▸ passen **zu** (D)	*Der Rock passt gut zu deiner Bluse.*
protestieren **gegen** (A)	*Sie protestieren gegen das neue Gesetz.*
▸ sich rächen **an** (D)	*Er wird sich an ihr rächen wollen.*
raten **zu** (D)	*Da kann ich nur zur Geduld raten.*
reagieren **auf** (A)	*Wie hat sie auf den Antrag reagiert?*
rechnen **mit** (D)	*Wir rechnen jeden Tag mit einer Zusage.*
reden **über** (A)	*Sie will mit dem Chef über eine Gehaltserhöhung reden.*
sich richten **nach** (D)	*Ich richte mich ganz nach dir.*
riechen **nach** (D)	*Es riecht hier lecker nach frischen Brötchen.*
▸ schmecken **nach** (D)	*Die Soße schmeckt sehr nach Ingwer.*
schreiben **an** (A)	*Lisa schreibt an den Weihnachtsmann.*
schreiben **an** (D)	*Sie schreibt an ihrem neuen Buch.*
schützen **vor** (D)	*Vitamin C schützt vor Erkältungen.*
sich sehnen **nach** (D)	*Er sehnt sich danach, seine Familie wiederzusehen.*
sorgen **für** (A)	*Sie sorgt für ihren kranken Mann.*
sich sorgen **um** (A)	*Sie sorgt sich um ihre Gesundheit.*
sprechen **mit** (D)	*Könnte ich bitte mit Ihrem Vorgesetzen sprechen?*
sprechen **über** (A)	*Wir müssen mal über deine Schulnoten sprechen.*

sprechen **von** (D)	*Er spricht nur noch von ihr.*
staunen **über** (A)	*Das Kleinkind staunt über den Schnee.*
sterben **an** (D)	*Sie starb an Malaria.*
sterben **für** (A)	*Sie sind bereit, für ihren Glauben zu sterben.*
streiten **um** (A)	*Wir haben uns um das letzte Stück Kuchen gestritten.*
sich streiten **über** (A)	*Müsst ihr euch immer über Politik streiten?*
sich streiten **mit** (D)	*Ich habe mich gestern mit meiner Mutter gestritten.*
▸ teilnehmen **an** (D)	*An dem Seminar nehmen 20 Personen teil.*
telefonieren **mit** (D)	*Hast du schon mit Gitti telefoniert?*
träumen **von** (D)	*Sie träumen von Frieden und Freiheit.*
▸ überreden **zu** (D)	*Er hat mich zu diesem Ausflug überredet.*
▸ sich verabschieden **von** (D) .	*Wir müssen uns leider von euch verabschieden.*
verbinden **mit** (D)	*Was verbindest du mit dem Begriff „Heimat"?*
vergleichen **mit** (D)	*Man kann Äpfel nicht mit Birnen vergleichen.*
sich verlassen **auf** (A)	*Wir haben uns auf die Prognosen verlassen.*
sich verlieben **in** (A)	*Er hat sich in seine Nachbarin verliebt.*
verstoßen **gegen** (A)	*Was du machst, verstößt gegen die Vorschriften.*
vertrauen **auf** (A)	*Wir müssen auf bessere Zeiten vertrauen.*
sich verwandeln **in** (A)	*Der Fluss verwandelte sich in einen reißenden Strom.*
verzichten **auf** (A)	*Dieses Jahr müssen wir auf Urlaub verzichten.*
sich vorbereiten **auf** (A)	*Paul hat sich gut auf die Prüfung vorbereitet.*
▸ warnen **vor** (D)	*Niemand hat vor den Risiken gewarnt.*
warten **auf** (A)	*Wartet nicht auf mich.*
sich wehren **gegen** (A)	*Ich muss mich gegen diesen Angriff wehren.*
sich wenden **an** (A)	*Wenden Sie sich an die Verbraucherzentrale.*
sich wundern **über** (A)	*Sie wunderte sich über seine Verschlossenheit.*
werben **für** (A)	*Künstler werben für Völkerverständigung.*
▸ zählen **zu** (D)	*Er zählt zu den Besten aus seinem Jahrgang.*
zweifeln **an** (D)	*Sie begannen, am System zu zweifeln.*

Alphabetische Verbliste

Hier haben wir für Sie die wichtigsten deutschen Verben alphabetisch aufgelistet. Die rechts angeführten Nummern stellen Konjugationsnummern dar. Auf den Seiten der einzelnen Konjugationstabellen finden Sie diese Nummern wieder. Jene Verben, die hier im Folgenden den jeweiligen Konjugationsnummern zugewiesen sind, werden nach genau diesem Muster konjugiert. Manchen Verben sind auch zwei Konjugationsnummern zugeteilt. Die hervorgehobenen Verben sind als vollständige Konjugationstabellen im Buch abgedruckt.

Die trennbaren Verben sind durch · gekennzeichnet.
ge̶ bedeutet: Das Partizip II wird ohne ge- gebildet.

A

ab·arbeiten	4 / 49	ab·liefern	4 / 28	an·eignen (sich)	8
ab·bauen	4	ab·machen	4	an·fangen	22
ab·beißen	12	ab·melden (sich)	4 / 49	an·fassen	4 / 31
ab·bekommen, ge̶	33	ab·nehmen	5	an·gehen	25
ab·bezahlen, ge̶	4	ab·raten	46	an·greifen	26
ab·biegen	50	ab·rechnen	4 / 49	ängstigen (sich)	4
ab·bilden	4 / 49	ab·reisen	4 / 31	an·haben	2
ab·brechen	15	ab·sagen	4	an·halten	27
ab·brennen	45	ab·schaffen	4	an·hören	4
ab·bringen	16	ab·schalten (sich)	4 / 49	an·klagen	4
ab·drucken	4	ab·stammen	4	an·klopfen	4
ab·fahren	21	ab·steigen	14	an·kommen	33
ab·fangen	22	ab·stellen	4	an·machen	4
ab·finden	23	ab·stimmen	4	an·melden (sich)	4 / 49
ab·fließen	24	ab·stoßen (sich)	60	an·nehmen	5
ab·fragen	4	ab·stürzen	4 / 31	an·probieren, ge̶	4
ab·gewöhnen (sich), ge̶	4	ab·trocknen (sich)	4 / 49	an·reden	4 / 49
ab·handeln	28	ab·warten	4 / 49	an·richten	4 / 49
ab·hängen	29	ab·waschen	65	an·rufen	47
ab·heben	30	ab·wechseln (sich)	4 / 28	an·schaffen (sich)	4
ab·helfen	32	ab·zahlen	4	an·schalten	4 / 49
ab·holen	4	ab·ziehen	70	an·schauen	4
ab·hören	4	achten	4 / 49	an·schließen (sich)	24
ab·kaufen	4	ahnen	4	an·schnallen (sich)	4
ab·kürzen	4 / 31	amüsieren (sich), ge̶	4	an·sehen	55
ab·laufen	37	analysieren, ge̶	4	an·sprechen	15
ab·lehnen	4	an·bauen	4	an·stehen	59
ab·lenken	4	an·binden	23	an·steigen	14
		ändern (sich)	4 / 28	an·stellen	4

an·stoßen	(60)	auf·tauen	(4)	aus·wechseln	(4)/(28)
an·strengen (sich)	(4)	auf·wachen	(4)	aus·wirken (sich)	(4)
an·treffen	(61)	auf·wachsen	(65)	aus·zeichnen (sich)	(4)/(49)
an·tun (sich)	(63)	auf·wecken	(4)	aus·ziehen (sich)	(70)
antworten	(4)/(49)	auf·ziehen	(70)		
an·wenden	(49)/(66)	aus·bilden	(4)/(49)	**B**	
an·ziehen (sich)	(70)	aus·bleiben	(14)	baden	(4)/(49)
an·zünden	(4)/(49)	aus·breiten (sich)	(4)/(49)	bauen	(4)
arbeiten	(4)/(49)	aus·denken (sich)	(17)	beabsichtigen, ge	(4)
ärgern (sich)	(4)/(28)	aus·drücken (sich)	(4)	beachten, ge	(4)/(49)
atmen	(4)/(49)	auseinandersetzen		beanspruchen, ge	(4)
auf·bauen (sich)	(4)	(sich)	(4)/(31)	beantragen, ge	(4)
auf·bewahren, ge	(4)	aus·füllen	(4)	beantworten, ge	(4)/(49)
auf·brechen	(15)	aus·gehen	(25)	bearbeiten, ge	(4)/(49)
auf·fangen	(22)	aus·gleichen (sich)	(26)	beatmen, ge	(4)/(49)
auf·fordern	(4)/(28)	aus·halten	(27)	bedanken (sich), ge	(4)
auf·führen	(4)	aus·kennen (sich)	(45)	bedauern, ge	(4)/(28)
auf·haben	(2)	aus·lachen	(4)	bedecken, ge	(4)
auf·halten (sich)	(27)	aus·laufen	(37)	bedenken, ge	(17)
auf·hängen	(29)	aus·leihen	(39)	bedeuten, ge	(4)/(49)
auf·heben	(30)	aus·liefern	(4)/(28)	bedienen (sich), ge	(4)
auf·hören	(6)	aus·lösen	(4)/(31)	bedingen, ge	(4)
auf·legen	(4)	aus·machen	(4)	bedrängen, ge	(4)
auf·lösen (sich)	(4)/(31)	aus·nutzen	(4)/(31)	bedrohen, ge	(4)
auf·machen	(4)	aus·packen	(4)	bedrücken, ge	(4)
auf·nehmen	(5)	aus·rechnen	(4)/(49)	beeilen, sich, ge	(4)
auf·passen	(4)/(31)	aus·reichen	(4)	beeindrucken, ge	(4)
auf·räumen	(4)	aus·richten	(4)/(49)	beeinflussen, ge	(4)/(31)
auf·regen (sich)	(4)	**aus·ruhen (sich)**	(7)	beeinträchtigen, ge	(4)
auf·richten (sich)	(4)/(49)	aus·schalten	(4)/(49)	beenden, ge	(4)/(49)
auf·rufen	(47)	aus·schließen	(24)	befähigen, ge	(4)
auf·schieben	(50)	aus·sehen	(55)	befassen (sich), ge	(4)/(31)
auf·schlagen	(21)	aus·sprechen	(15)	befestigen, ge	(4)
auf·schließen	(24)	aus·steigen	(14)	befinden (sich), ge	(23)
auf·schreiben	(14)	aus·stellen	(4)	befolgen, ge	(4)
auf·setzen (sich)	(4)/(31)	aus·stoßen	(60)	befreien (sich), ge	(4)
auf·stehen	(59)	aus·suchen (sich)	(4)	befürchten, ge	(4)/(49)
auf·steigen	(14)	aus·teilen	(4)	begegnen (sich), ge	(4)/(49)
auf·stellen	(4)	aus·tragen	(21)	begehen, ge	(25)
auf·stoßen	(60)	aus·üben	(4)	begeistern (sich), ge	(4)/(28)
auf·suchen	(4)	aus·wählen	(4)	**beginnen**, ge	(11)
				begleiten, ge	(4)/(49)

Alphabetische Verbliste

begnügen (sich), ge	(4)	bereiten, ge	(4)/(49)	betreuen, ge	(4)
begreifen, ge	(26)	bereuen, ge	(4)	betrügen, ge	(42)
begründen, ge	(4)/(49)	bergen	(15)	beugen (sich)	(4)
begrüßen, ge	(4)/(31)	berichten, ge	(4)/(49)	beunruhigen (sich), ge	(4)
behalten, ge	(27)	berichtigen, ge	(4)	beurteilen, ge	(4)
behandeln, ge	(4)/(28)	bersten	(15)	bevorzugen, ge	(4)
behaupten, ge	(4)/(49)	berücksichtigen, ge	(4)	bewachen, ge	(4)
beherrschen (sich), ge	(4)	berufen (sich), ge	(47)	bewähren (sich), ge	(4)
behindern, ge	(4)/(28)	beruhigen (sich), ge	(4)	bewahren, ge	(4)
behüten, ge	(4)/(49)	berühren, ge	(4)	bewältigen, ge	(4)
bei·bringen	(16)	besagen, ge	(4)	bewegen (sich), ge	(4)
beichten	(4)/(49)	beschädigen, ge	(4)	beweisen, ge	(53)
beinhalten, ge	(4)/(49)	beschäftigen (sich), ge	(4)	bewerben (sich), ge	(67)
beißen	(12)	beschimpfen, ge	(4)	bewirken, ge	(4)
bei·stehen	(59)	beschleunigen (sich), ge	(4)	bewohnen, ge	(4)
bei·tragen	(21)	beschließen, ge	(24)	bewölken (sich), ge	(4)
bekämpfen, ge	(4)	beschmutzen (sich),		bewundern, ge	(4)/(28)
bekehren, ge	(4)	ge	(4)/(31)	bezahlen, ge	(4)
bekennen, ge	(45)	beschränken (sich), ge	(4)	bezeichnen, ge	(4)/(49)
beklagen (sich), ge	(4)	beschreiben, ge	(14)	beziehen (sich), ge	(70)
bekommen, ge	(33)	beschuldigen, ge	(4)	bezweifeln, ge	(4)/(28)
beladen, ge	(35)	beschützen, ge	(4)/(31)	bezwingen, ge	(62)
belagern, ge	(4)/(28)	beschweren (sich), ge	(4)	biegen (sich)	(50)
belasten, ge	(4)/(49)	beseitigen, ge	(4)	bilden	(4)/(49)
belästigen, ge	(4)	besetzen, ge	(4)/(31)	binden (sich)	(23)
beleidigen, ge	(4)	besichtigen, ge	(4)	**bitten**	(13)
bellen	(4)	besiegen, ge	(4)	**bleiben**	(14)
belohnen (sich), ge	(4)	besorgen (sich etw.), ge	(4)	bleichen	(4)
bemerken, ge	(4)	besprechen, ge	(15)	blenden	(4)/(49)
bemitleiden, ge	(4)/(49)	bessern (sich)	(4)/(28)	blicken	(4)
bemühen (sich), ge	(4)	bestätigen (sich), ge	(4)	blitzen	(4)/(31)
benachrichtigen, ge	(4)	bestehen, ge	(59)	blockieren, ge	(4)
benehmen (sich), ge	(5)	bestellen, ge	(4)	blühen	(4)
beneiden, ge	(4)/(49)	bestimmen, ge	(4)	bluten	(4)/(49)
benennen, ge	(45)	bestrafen, ge	(4)	bohren	(4)
benötigen, ge	(4)	besuchen, ge	(4)	borgen	(4)
benutzen, ge	(4)/(31)	beteiligen (sich), ge	(4)	braten	(46)
beobachten, ge	(4)/(49)	beten	(4)/(49)	brauchen	(4)/(9)
bepacken, ge	(4)	betrachten (sich), ge	(4)/(49)	**brechen (sich)**	(15)
beraten, ge	(46)	betragen, ge	(21)	bremsen	(4)/(31)
berechtigen, ge	(4)	betreffen, ge	(61)	brennen	(45)

bringen	(16)
bröckeln	(4)/(28)
brüllen	(4)
buchen	(4)
buchstabieren, ge	(4)
bücken (sich)	(4)
bügeln	(4)/(28)
bürsten	(4)/(49)
büßen	(4)/(31)

C

campen	(4)
charakterisieren, ge	(4)

D

da sein	(1)
dabei sein	(1)
daher·kommen	(33)
da·lassen	(36)
dämmen	(4)
dämmern	(4)/(28)
dämpfen	(4)
danken	(4)
daran·gehen	(25)
dar·legen	(4)
dar·stellen (sich)	(4)
dauern	(4)/(28)
davon·kommen	(33)
dazu·gehören	(4)
dazwischen·kommen	(33)
decken	(4)
dehnen (sich)	(4)
demonstrieren, ge	(4)
denken	(17)
deuten	(4)/(49)
dichten	(4)/(49)
dienen	(4)
diktieren, ge	(4)
diskutieren, ge	(4)
donnern	(4)/(28)
drängen	(4)
dran·kommen	(33)

drehen (sich)	(4)
dringen	(62)
drohen	(4)
drucken	(4)
drücken	(4)
duften	(4)/(49)
dulden	(4)/(49)
durchbrechen, ge	(15)
durch·brechen	(15)
durch·bringen	(16)
durcheinanderbringen	(16)
durchfahren, ge	(21)
durch·fahren	(21)
durch·fallen	(27)
durch·halten	(27)
durch·kommen	(33)
durch·lassen	(36)
durch·laufen	(37)
durch·lesen	(40)
durchschauen, ge	(4)
durch·schauen	(4)
durch·sehen	(55)
durch·setzen (sich)	(4)/(31)
durchsetzten, ge	(4)
durch·streichen	(26)
durchsuchen, ge	(4)
durch·suchen	(4)
dürfen	(18)
duschen (sich)	(4)

E

ehren	(4)
eignen (sich)	(4)/(8)
ein·arbeiten (sich)	(4)/(49)
ein·atmen	(4)/(49)
ein·behalten	(27)
ein·bilden (sich)	(4)/(49)
ein·brechen	(15)
ein·bringen	(16)
ein·dringen	(62)
ein·fahren	(21)
ein·frieren	(64)

ein·fügen	(4)
ein·führen	(4)
ein·gehen	(25)
ein·greifen	(26)
ein·halten	(27)
ein·handeln	(28)
ein·hängen	(29)
einher·gehen	(25)
einigen (sich)	(4)
ein·kaufen	(4)
ein·kehren	(4)
ein·kleiden	(4)/(28)
ein·laden	(35)
ein·lassen	(36)
ein·leben (sich)	(4)
ein·leiten	(4)/(49)
ein·leuchten	(4)/(49)
ein·mischen (sich)	(4)
ein·nehmen	(5)
ein·packen	(4)
ein·reden (sich)	(4)/(49)
ein·reisen	(4)/(31)
ein·richten (sich)	(4)/(49)
ein·sammeln	(4)/(28)
ein·schalten (sich)	(49)
ein·schieben	(50)
ein·schlagen	(21)
ein·schließen (sich)	(24)
ein·schränken (sich)	(4)
ein·sehen	(55)
ein·setzen (sich)	(4)/(31)
ein·stecken	(4)
ein·steigen	(14)
ein·stellen (sich)	(4)
ein·stürzen	(4)/(31)
ein·tauschen	(4)
ein·teilen	(4)
ein·tragen (sich)	(21)
ein·treffen	(61)
ein·wandern	(4)/(28)
ein·wenden	(4)/(49)

183

ein·werfen	(67)	ergänzen, ge	(4)/(31)	erwidern, ge	(4)/(28)
ein·willigen	(4)	ergehen, ge	(25)	erzählen, ge	(4)
ein·zahlen	(4)	erhalten, ge	(27)	erzeugen, ge	(4)
ein·ziehen	(70)	erhöhen (sich), ge	(4)	erziehen, ge	(70)
ekeln (sich)	(4)/(28)	erholen (sich), ge	(4)	erzielen, ge	(4)
empfangen, ge	(22)	erinnern (sich), ge	(4)/(28)	erzwingen, ge	(62)
empfinden, ge	(23)	erkälten (sich), ge	(4)/(49)	**essen**	(20)
empören (sich), ge	(4)	erkennen, ge	(45)	existieren, ge	(4)
enden	(4)/(49)	erklären, ge	(4)	**F**	
entdecken, ge	(4)	erkundigen (sich), ge	(4)		
entfernen (sich), ge	(4)	erlassen, ge	(36)	**fahren**	(21)
entführen, ge	(4)	erlauben (sich), ge	(4)	fälschen	(4)
enthalten (sich), ge	(27)	erleben, ge	(4)	falten	(4)/(49)
entlassen, ge	(36)	erledigen (sich), ge	(4)	**fangen**	(22)
entlaufen, ge	(37)	erleichtern, ge	(4)/(28)	fassen	(4)/(31)
entleihen, ge	(39)	erlernen, ge	(4)	fasten	(4)/(49)
entmutigen, ge	(4)	ermahnen, ge	(4)	faulenzen	(4)/(31)
entnehmen, ge	(5)	ermöglichen, ge	(4)	faxen	(4)/(31)
entrichten, ge	(4)/(49)	ermüden, ge	(4)/(49)	fegen	(4)
entschädigen, ge	(4)	ermutigen, ge	(4)	fehlen	(4)
entscheiden (sich), ge	(14)/(49)	ernähren (sich), ge	(4)	fehl·schlagen	(21)
entschließen (sich), ge	(24)	erneuern (sich), ge	(4)/(28)	feiern	(4)/(28)
entschuldigen (sich), ge	(4)	ernten	(4)/(49)	fern·sehen	(55)
entspannen (sich), ge	(4)	eröffnen, ge	(4)/(49)	fertigen	(4)
entsprechen, ge	(15)	erraten, ge	(46)	fest·halten (sich)	(27)
entstehen, ge	(59)	erreichen, ge	(4)	festigen (sich)	(4)
enttäuschen, ge	(4)	errichten, ge	(4)/(49)	fest·legen (sich)	(4)
entwerfen, ge	(67)	erschallen, ge	(4)	fest·machen	(4)
entwickeln (sich), ge	(4)/(28)	erscheinen, ge	(14)	fest·nehmen	(5)
erarbeiten, ge	(4)/(49)	ersetzen, ge	(4)/(31)	fest·stellen	(4)
erbauen, ge	(4)	ersparen (sich), ge	(4)	filmen	(4)
erben	(4)	erstatten, ge	(4)/(49)	**finden (sich)**	(23)
erblicken, ge	(4)	erstaunen, ge	(4)	fischen	(4)
ereignen (sich), ge	(4)/(8)	ersticken, ge	(4)	flattern	(4)/(28)
erfahren, ge	(21)	erstrecken (sich), ge	(4)	flehen	(4)
erfinden, ge	(23)	erteilen, ge	(4)	flicken	(4)
erfordern, ge	(4)/(28)	ertragen, ge	(21)	fliegen	(50)
erforschen, ge	(4)	ertrinken, ge	(62)	fliehen	(50)
erfrieren, ge	(64)	**erwägen, ge**	(19)	**fließen**	(24)
erfüllen (sich), ge	(4)	erwarten, ge	(4)/(49)	fluchen	(4)
		erweitern (sich), ge	(4)/(28)	flüchten (sich)	(4)/(49)
				flüstern	(4)/(28)

Verb	Nr.
folgen	4
folgern	4 / 28
fördern	4 / 28
fordern	4 / 28
formen	4
forschen	4
fort·führen	4
fort·pflanzen (sich)	4 / 31
fort·setzen (sich)	4 / 31
fotografieren, ge	4
fragen (sich)	4
frei·lassen	36
fressen	20
freuen (sich)	4
frieren	64
frühstücken	4
fügen (sich)	4
fühlen (sich)	4
führen	4
füllen	4
funktionieren, ge	4
fürchten (sich)	4 / 49
füttern	4 / 28

G

Verb	Nr.
gähnen	4
garantieren, ge	4
gebrauchen, ge	4
gedeihen, ge	39
gefährden, ge	4 / 49
gehen	25
gehorchen, ge	4
gehören, ge	4
geizen	4 / 31
gelangen, ge	4
geleiten, ge	4 / 49
gelingen, ge	62
genehmigen (sich), ge	4
genießen, ge	24
genügen, ge	4
geraten, ge	46
geschehen, ge	55
gestalten, ge	4 / 49
gestatten (sich), ge	4 / 28
gestehen, ge	59
gewähren, ge	4
gewinnen, ge	11
gewöhnen (sich), ge	4
gießen	24
glänzen	4
glätten (sich)	4 / 49
glauben	4
gleichen (sich)	26
gleich·stellen	4
gleich·tun	63
gliedern (sich)	4 / 28
glücken	4
glühen	4
graben	21
gratulieren, ge	4
greifen	26
grenzen	4 / 31
grollen	4
grübeln	4 / 28
gründen	4 / 49
grünen	4
grüßen (sich)	4 / 31
gucken	4
gurgeln	4 / 28
guttun	63
gut·heißen	31

H

Verb	Nr.
haben	2
haften	4 / 49
hageln	4 / 28
halten (sich)	27
hämmern	4 / 28
handeln (sich)	28
handhaben	4
hängen	29
hassen	4 / 31
hasten	4 / 49
häufen (sich)	4
heben	30
heilen	4
heim·kehren	4
heiraten	4 / 49
heißen	31
heizen	4 / 31
helfen	32
hemmen	4
heraus·fordern	4 / 28
herrschen	4
her·stellen	4
herum·gehen	25
herum·treiben (sich)	14
hervor·bringen	16
hervor·rufen	47
hetzen	4 / 31
heucheln	4 / 28
heulen	4
hinaus·werfen	67
hinaus·zögern	4 / 28
hindern	4 / 28
hinein·legen	4
hin·führen	4
hin·halten	27
hinken	4
hin·legen	4
hin·setzen (sich)	4 / 31
hintergehen, ge	25
hinterlassen, ge	36
hin·weisen	53
hoch·heben	30
hocken	4
hoffen	4
holen (sich)	4
hopsen	4 / 31
horchen	4
hören	4
hungern	4 / 28
hupen	4
hüpfen	4
husten	4 / 49

hüten (sich) ④/㊾

I

ignorieren, ~~ge~~ ④
impfen ④
importieren, ~~ge~~ ④
informieren (sich), ~~ge~~ ④
inne·haben ②
inne·halten ㉗
inne·wohnen ④
integrieren (sich), ~~ge~~ ④
interessieren (sich), ~~ge~~ ④
interviewen, ~~ge~~ ④
irre·führen ④
irren (sich) ④

J

jagen ④
jammern ④/㉘
jubeln ④/㉘
jucken ④

K

kämmen (sich) ④
kämpfen ④
kassieren, ~~ge~~ ④
kauen ④
kauern ④/㉘
kaufen ④
kehren ④
keimen ④
kennenlernen (sich) ④
kennen ㊺
kennzeichnen ④/㊾
kichern ④/㉘
kippen ④
klagen ④
klappen ④
klappern ④/㉘
klären (sich) ④
klauen ④
kleben ④
kleiden ④/㊾

klemmen ④
klettern ④/㉘
klicken ④
klingeln ④/㉘
klopfen ④
knabbern ④/㉘
knallen ④
kneifen ㉖
kneten ④/㊾
knicken ④
knien ④
knistern ④/㉘
knoten ④/㊾
knüpfen ④
kochen ④
kommandieren, ~~ge~~ ④
kommen ㉝
können ㉞
kontrollieren (sich), ~~ge~~ ④
konzentrieren (sich), ~~ge~~ ④
kopieren, ~~ge~~ ④
korrigieren (sich), ~~ge~~ ④
kosten ④/㊾
krachen ④
krähen ④
kränken ④
kratzen (sich) ④/㉛
kreisen ④/㉛
kreuzen (sich) ④/㉛
kriegen ④
krümmen (sich) ④
kühlen ④
kümmern (sich) ④/㉘
kündigen ④
kürzen ④/㉛
küssen (sich) ④/㉛

L

lächeln ④/㉘
lachen ④
laden ㉟
lagern ④/㉘

lähmen ④
landen ④/㊾
langweilen (sich) ④
lassen ㊱
lauern ④/㉘
laufen ㊲
lauschen ④
lauten ④/㊾
läuten ④/㊾
leben ④
lecken (sich) ④
leeren ④
legen (sich) ④
lehnen (sich) ④
lehren ④
leidtun ㊿③
leiden ㊳
leihen (sich) ㊴
leisten (sich) ④/㊾
leiten ④/㊾
lenken ④
lernen ④
lesen ㊵
leuchten ④/㊾
lieben ④
liefern ④/㉘
liegen ㊶
lindern ④/㉘
loben ④
locken ④
lohnen (sich) ④
löschen ④
lösen (sich) ④/㉛
los·lassen ㊱
lüften ④/㊾
lügen ㊷
lutschen ④

M

machen ④
mähen ④
mahnen ④

malen	(4)
mangeln	(4)/(28)
markieren, ge	(4)
marschieren, ge	(4)
maskieren (sich), ge	(4)
mäßigen (sich)	(4)
meckern	(4)/(28)
meiden	(14)/(49)
meinen	(4)
meistern	(4)/(28)
melden (sich)	(4)/(49)
merken (sich)	(4)
messen (sich)	(20)
mieten	(4)/(49)
mildern	(4)/(28)
mindern	(4)/(28)
mischen	(4)
missachten, ge	(4)/(49)
missbrauchen, ge	(4)
missen	(4)/(31)
misshandeln, ge	(28)
misslingen, ge	(62)
misstrauen, ge	(4)
missverstehen, ge	(59)
mit·arbeiten	(4)/(49)
mit·hören	(4)
mit·bringen	(16)
mit·kommen	(33)
mit·nehmen	(5)
mit·reißen	(12)
mit·spielen	(4)
mit·teilen (sich)	(4)
mit·wirken	(4)
mixen	(4)/(31)
mogeln	(4)/(28)
mögen	(43)
morden	(4)/(49)
mühen (sich)	(4)
münden	(4)/(49)
murmeln	(4)/(28)
murren	(4)
müssen	(44)
mutmaßen	(4)/(31)

N

nach·ahmen	(4)
nach·bestellen, ge	(4)
nach·denken	(17)
nach·forschen	(4)
nach·fragen	(4)
nach·gehen	(25)
nach·holen	(4)
nach·lassen	(36)
nach·schlagen	(21)
nach·lesen	(40)
nach·sagen	(4)
nach·sehen	(55)
nach·weisen	(53)
nagen	(4)
nähen	(4)
nähern (sich)	(4)/(28)
nehmen	(5)
neigen (sich)	(4)
nennen	(45)
nicken	(4)
nieder·lassen (sich)	(36)
niesen	(4)/(31)
nippen	(4)
nörgeln	(4)/(28)
notieren, ge	(4)
nötigen	(4)
nummerieren, ge	(4)
nützen	(4)/(31)

O

öffnen (sich)	(4)/(49)
ölen	(4)
operieren, ge	(4)
opfern (sich)	(4)/(28)
ordnen	(4)/(49)
organisieren, ge	(4)
orientieren (sich), ge	(4)

P

paaren (sich)	(4)
pachten	(4)/(49)
packen	(4)
parken	(4)
passen	(4)/(31)
passieren, ge	(4)
pfeifen	(26)
pflanzen	(4)/(31)
pflastern	(4)/(28)
pflegen (sich)	(4)
pflücken	(4)
pfuschen	(4)
pilgern	(4)/(28)
plagen (sich)	(4)
planen	(4)
plappern	(4)/(28)
platzen	(4)/(31)
plündern	(4)/(28)
prahlen	(4)
präsentieren (sich), ge	(4)
predigen	(4)
pressen	(4)/(31)
proben	(4)
probieren, ge	(4)
produzieren, ge	(4)
protestieren, ge	(4)
prüfen	(4)
prügeln (sich)	(4)/(28)
pumpen	(4)
pusten	(4)/(49)
putzen (sich)	(4)/(31)

Q

quälen (sich)	(4)
qualmen	(4)
quatschen	(4)
quetschen (sich)	(4)
quietschen	(4)

R

rächen (sich)	(4)

Rad fahren	(21)	rück·fragen	(4)	schleichen	(26)
ragen	(4)	rudern	(4)/(28)	schleifen	(4)/(26)
rahmen	(4)	**rufen**	(47)	schlendern	(4)/(28)
rasen	(4)/(31)	ruhen	(4)	schleudern	(4)/(28)
rasieren (sich), ge	(4)	rühren (sich)	(4)	schließen (sich)	(24)
rasten	(4)/(49)	rutschen	(4)	schlingen	(62)
raten	(46)	rütteln	(4)/(28)	schluchzen	(4)/(31)
rauben	(4)			schlucken	(4)
rauchen	(4)	**S**		schlüpfen	(4)
räumen	(4)	säen	(4)	schmähen	(4)
rauschen	(4)	sägen	(4)	schmälern	(4)/(28)
reagieren, ge	(4)	sagen	(4)	schmecken	(4)
rechnen	(4)/(49)	sammeln	(4)/(28)	schmeicheln	(4)/(28)
rechtfertigen (sich), ge	(4)	sättigen	(4)	schmeißen (sich)	(12)
reden	(4)/(49)	säubern	(4)/(28)	**schmelzen**	(52)
regeln	(4)/(28)	**saugen**	(48)	schmerzen	(4)/(31)
regen (sich)	(4)	säumen	(4)	schmieden	(4)/(49)
regieren, ge	(4)	schaden (sich)	(4)/(49)	schminken (sich)	(4)
regnen	(4)/(49)	schälen	(4)	schmücken (sich)	(4)
reiben (sich)	(14)	**schalten**	(4)/(49)	schmuggeln	(4)/(28)
reichen	(4)	schämen (sich)	(4)	schmunzeln	(4)/(28)
reifen	(4)	schärfen	(4)	schnallen	(4)
reinigen	(4)	schauen	(4)	schnüren	(4)
reisen	(4)/(31)	schaufeln	(4)/(28)	schnarchen	(4)
reißen	(12)	schaukeln	(4)/(28)	schneiden (sich)	(38)
reiten	(38)	scheiden	(14)/(49)	schneidern	(4)/(28)
reizen	(4)/(31)	scheinen	(14)	schneien	(4)
rennen	(45)	scheitern	(4)/(28)	schnitzen	(4)/(31)
reparieren, ge	(4)	schellen	(4)	schnuppern	(4)/(28)
reservieren, ge	(4)	schenken	(4)	schonen (sich)	(4)
resultieren, ge	(4)	scherzen	(4)/(31)	schrauben	(4)
retten (sich)	(4)/(49)	scheuen (sich)	(4)	schreiben	(14)
richten	(4)/(49)	schicken	(4)	**schreien**	(53)
riechen	(64)	**schieben**	(50)	schreiten	(38)
ringen	(62)	schießen	(24)	schubsen	(4)/(31)
riskieren, ge	(4)	schildern	(4)/(28)	schulden	(4)/(49)
rodeln	(4)/(28)	schimmeln	(4)/(28)	schütteln (sich)	(4)/(28)
rollen	(4)	schimpfen	(4)	schütten	(4)/(49)
rosten	(4)/(49)	**schinden**	(51)	schützen (sich)	(4)/(31)
rösten	(4)/(49)	schlachten	(4)/(49)	schwächen	(4)
rücken	(4)	schlagen (sich)	(10)/(21)	schwanken	(4)
		schlängeln (sich)	(4)/(28)		

schwatzen	(4)/(31)	sprengen	(4)	streiten (sich)	(38)
schweben	(4)	sprießen	(24)	streuen	(4)
schweigen	(14)	springen	(62)	strömen	(4)
schwenken	(4)	spritzen	(4)/(31)	studieren, ge	(4)
schwimmen	(11)	spucken	(4)	stürmen	(4)
schwindeln	(4)/(28)	spülen	(4)	stürzen (sich)	(4)/(31)
schwinden	(23)	spüren	(4)	suchen	(4)
schwingen (sich)	(62)	stammen	(4)	sündigen	(4)
schwitzen	(4)/(31)	stärken (sich)	(4)	süßen	(4)/(31)
schwören	(54)	starren	(4)		
segeln	(4)/(28)	starten	(4)/(49)	**T**	
segnen	(4)/(49)	statt·finden	(23)	tadeln	(4)/(28)
sehen	(55)	staunen	(4)	tanken	(4)
sehnen (sich)	(4)	stechen	(15)	tanzen	(4)/(31)
sein	(1)	stecken	(4)	tarnen (sich)	(4)
senken (sich)	(4)	**stehen**	(59)	tauchen	(4)
servieren, ge	(4)	stehen bleiben	(14)	tauen	(4)
setzen (sich)	(4)/(31)	steigen	(14)	tauschen	(4)
seufzen	(4)/(31)	steigern (sich)	(4)/(28)	täuschen (sich)	(4)
sichern	(4)/(28)	stellen (sich)	(4)	teilen (sich)	(4)
sieben	(4)	sterben	(67)	teil·nehmen	(5)
sieden	(56)	steuern	(4)/(28)	telefonieren, ge	(4)
siegen	(4)	stieben	(50)	testen	(4)/(49)
singen	(57)	stiften	(4)/(49)	tippen	(4)
sinken	(23)	still·legen	(4)	toben	(4)
sinnen	(11)	stimmen	(4)	tönen (sich)	(4)
sollen	(58)	stinken	(62)	töten	(4)/(49)
sonnen (sich)	(4)	stocken	(4)	tot·schlagen	(21)
sorgen (sich)	(4)	stöhnen	(4)	tragen (sich)	(21)
sparen	(4)	stolpern	(4)/(28)	trainieren, ge	(4)
spaßen	(4)/(31)	stopfen	(4)	trampeln	(4)/(28)
spazieren gehen	(25)	stoppen	(4)	tränken	(4)
speien	(53)	stören	(4)	transportieren, ge	(4)
speisen	(4)/(31)	**stoßen (sich)**	(60)	trauen (sich)	(4)
spenden	(4)/(49)	strafen	(4)	träumen	(4)
sperren (sich)	(4)	strahlen	(4)	**treffen (sich)**	(61)
spielen	(4)	streben	(4)	treiben	(14)
spinnen	(11)	strecken (sich)	(4)	trennen (sich)	(4)
spitzen	(4)/(31)	streichen	(26)	**trinken**	(62)
spotten	(4)/(49)	streifen	(4)	trocknen	(4)/(49)
sprechen	(15)	streiken	(4)	trödeln	(4)/(28)
				trommeln	(4)/(28)

tropfen (4)
trösten (sich) (4)/(49)
trotzen (4)/(31)
trügen (42)
tummeln (sich) (4)/(28)
tun (63)
turnen (4)

U
übel nehmen (5)
üben (sich) (4)
überanstrengen (sich), ge (4)
überarbeiten (sich), ge (4)/(49)
überdenken, ge (17)
überfahren, ge (21)
überfliegen, ge (50)
überfordern, ge (4)/(28)
übergehen, ge (25)
überholen, ge (4)
überleben, ge (4)
überlegen (sich), ge (4)
übernachten, ge (4)/(49)
übernehmen (sich), ge (5)
überprüfen, ge (4)
überqueren, ge (4)
überraschen, ge (4)
überreden, ge (4)/(49)
überschätzen (sich), ge (4)/(31)
überschneiden (sich), ge (38)
überschwemmen, ge (4)
übersehen, ge (55)
über·setzen (4)/(31)
übersetzen, ge (4)/(31)
überstehen, ge (59)
übersteigen, ge (14)
übertragen, ge (21)
übertreiben, ge (14)
überwachen, ge (4)
überweisen, ge (53)

überwinden (sich), ge (23)
überzeugen (sich), ge (4)
umarmen (sich), ge (4)
um·bringen (sich) (16)
um·drehen (sich) (4)
umfassen, ge (4)/(31)
um·gehen (25)
umgehen, ge (25)
um·graben (21)
um·kehren (4)
um·kommen (33)
um·rühren (4)
um·schalten (4)/(49)
um·steigen (14)
um·stoßen (60)
um·tauschen (4)
um·ziehen (sich) (70)
unterbrechen, ge (15)
unterdrücken, ge (4)
unter·gehen (25)
unterhalten (sich), ge (27)
unternehmen, ge (5)
unterrichten, ge (4)/(49)
untersagen, ge (4)
unterschätzen, ge (4)/(31)
unterscheiden (sich), ge (14)/(49)
unterschlagen, ge (21)
unterschreiben, ge (14)
unterstreichen, ge (26)
unterstützen, ge (4)/(31)
untersuchen, ge (4)
unter·tauchen (4)
urteilen (4)

V
verabreden (sich), ge (4)/(49)
verabscheuen, ge (4)
verachten (sich), ge (4)/(49)
verändern (sich), ge (4)/(28)
verantworten (sich), ge (4)/(49)

verärgern, ge (4)/(28)
verbergen (sich), ge (67)
verbessern (sich), ge (4)/(28)
verbeugen (sich), ge (4)
verbinden, ge (23)
verbitten (sich), ge (13)
verblühen, ge (4)
verbluten, ge (4)/(49)
verbrauchen ge (4)
verbrechen, ge (15)
verbrennen (sich), ge (45)
verbringen, ge (16)
verdächtigen, ge (4)
verdanken, ge (4)
verderben, ge (67)
verdienen, ge (4)
verdrießen, ge (24)
verehren, ge (4)
vereinbaren, ge (4)
vereinfachen, ge (4)
verfilmen, ge (4)
verfluchen, ge (4)
verfolgen, ge (4)
verführen, ge (4)
vergessen, ge (20)
vergewissern (sich), ge (4)/(28)
vergleichen (sich), ge (26)
vergrößern (sich), ge (4)/(28)
verhaften, ge (4)/(49)
verhalten (sich), ge (27)
verhandeln, ge (4)/(28)
verhindern, ge (4)/(28)
verhören (sich), ge (4)
verhungern, ge (4)/(28)
verirren (sich), ge (4)
verkaufen (sich), ge (4)
verkleiden (sich), ge (4)/(49)
verkürzen (sich), ge (4)/(31)
verlangen, ge (4)
verlängern (sich), ge (4)/(28)

verleihen, ge	(39)	vertrauen, ge	(4)	wecken	(4)
verletzen (sich), ge	(4)/(31)	verursachen, ge	(4)	weg·fahren	(21)
verleugnen, ge	(4)/(49)	verurteilen, ge	(4)	weg·laufen	(37)
verlieben (sich), ge	(4)	verwandeln (sich), ge	(4)/(28)	weg·werfen	(67)
verlieren (sich), ge	(64)	verwechseln, ge	(4)/(28)	wehren (sich)	(4)
verloben (sich), ge	(4)	verweisen, ge	(53)	wehtun (sich)	(63)
verloren gehen	(25)	verwenden, ge	(4)	weichen	(26)
vermehren (sich), ge	(4)	verwirklichen (sich), ge	(4)	weigern (sich)	(4)/(28)
vermieten, ge	(4)/(49)	verwirren, ge	(4)	weinen	(4)
vermögen, ge	(43)	verwöhnen (sich), ge	(4)	weisen	(53)
vermuten, ge	(4)/(49)	verzaubern, ge	(4)/(28)	weiter·gehen	(25)
vernachlässigen, ge	(4)	verzeihen (sich), ge	(39)	welken	(4)
vernichten, ge	(4)/(49)	verzichten, ge	(4)/(49)	**wenden (sich)**	(4)/(66)
veröffentlichen, ge	(4)	verzögern (sich), ge	(4)/(28)	werben	(67)
verpacken, ge	(4)	verzweifeln, ge	(4)/(28)	**werden**	(3)
verpassen, ge	(4)/(31)	vollenden, ge	(4)/(49)	**werfen**	(67)
verraten (sich), ge	(46)	voraus·sagen	(4)	wetten	(4)/(49)
verreisen, ge	(4)/(31)	vor·bereiten (sich),		wickeln	(4)/(28)
versammeln (sich),		ge	(4)/(49)	widerlegen, ge	(4)
ge	(4)/(28)	vor·beugen (sich)	(4)	widersetzen (sich),	
verschenken, ge	(4)	vor·finden	(23)	ge	(4)/(31)
verschlechtern (sich),		vor·gehen	(25)	widersprechen (sich), ge	(15)
ge	(4)/(28)	vor·haben	(2)	wiederholen (sich), ge	(4)
verschlimmern (sich),		vor·kommen	(33)	wiedersehen (sich)	(55)
ge	(4)/(28)	vor·nehmen (sich)	(5)	wiegen	(50)
verschlucken (sich), ge	(4)	vor·schlagen	(21)	winden (sich)	(23)
verschreiben (sich), ge	(14)	vor·stellen (sich)	(4)	winken	(4)
verschweigen, ge	(14)	vor·tragen	(21)	wirken	(4)
verschwinden, ge	(23)	vor·ziehen	(70)	wischen	(4)
verschwören (sich), ge	(54)	**w**		**wissen**	(68)
versichern (sich), ge	(4)/(28)	wachen	(4)	wohnen	(4)
versöhnen (sich), ge	(4)	**wachsen**	(65)	**wollen**	(69)
verspäten, sich, ge	(4)/(49)	wagen	(4)	wringen	(62)
versprechen (sich), ge	(15)	wählen	(4)	wuchern	(4)/(28)
verstärken (sich), ge	(4)	wahr·nehmen	(5)	wundern (sich)	(4)/(28)
verstecken (sich), ge	(4)	wandern	(4)/(28)	wünschen (sich)	(4)
verstehen (sich), ge	(59)	wärmen (sich)	(4)	**z**	
versuchen, ge	(4)	warnen	(4)	zahlen	(4)
verteidigen, ge	(4)	warten	(4)/(49)	zählen	(4)
verteilen (sich), ge	(4)	waschen (sich)	(65)	zanken (sich)	(4)
vertragen (sich), ge	(21)	wechseln	(4)/(28)	zaubern	(4)/(28)

zeichnen ④/㊾
zeigen (sich) ④
zerbrechen, ~~ge~~ ⑮
zerkleinern, ~~ge~~ ④/㉘
zerreißen (sich), ~~ge~~ ⑫
zerren ④
zerstören, ~~ge~~ ④
zeugen ④
ziehen (70)
zielen ④
zittern ④/㉘
zögern ④/㉘
zu·bereiten, ~~ge~~ ④/㊾
züchten ④/㊾
zu·fügen (sich) ④
zu·hören ④
zu·lassen ㊱
zu·machen ④
zu·muten (sich) ④/㊾
zünden ④/㊾
zu·nehmen ⑤
zurecht·kommen ㉝
zurück·fahren ㉑
zurück·laufen ㊲
zurück·legen ④
zurück·verlangen, ~~ge~~ ④
zurück·ziehen (sich) (70)
zu·sagen ④
zusammen·arbeiten ④/㊾
zusammen·fassen ④/㉛
zusammen·gehören ④
zusammen·kommen ㉝
zusammen·legen ④
zusammen·setzen (sich) ④/㉛
zusammen·stoßen (60)
zu·schauen ④
zu·sichern ④/㉘
zu·stimmen ④
zu·trauen (sich) ④
zu·treffen (61)
zuwider·handeln ④/㉘
zweifeln ④/㉘
zwingen (sich) (62)